岩 波 文 庫

33-809-1

カルヴァン小論集

波木居齊二編訳

Jean CALVIN

TRAITÉ DE LA CÈNE
1541

TRAITÉ DES RELIQUES
1543

CONTRE L'ASTROLOGIE
1549

若きカルヴァン(ジュネーヴ宗教改革図書館所蔵)

凡例

一、カルヴァンの短論文三篇を全集 Johannis Calvini Opera quae supersunt omnia, Ed. G. Baum, Cunits et Reuss (Braunschweig, 59 vols., 1860–1900) の本文から訳した。

一、角括弧［　］内は訳文の補足。

一、行間の数字は訳者注を示す。

目次

凡例
聖晩餐について（一五四一年）……九
聖遺物について（一五四三年）……五七
占星術への警告（一五四九年）……一三三
訳者注……一七九
年譜……二〇三
解説……二〇九

聖晩餐について

我々の主イエス・キリストの聖晩餐についての短論文

その真の制定の事情、その利益また効用の説明、同時になぜ当代の若干のひとびとがそれについてさまざまに書いたかと思われる理由我々の主イエスの聖晩餐の聖なる秘蹟は長いあいだにいくつかの大きな誤謬のために紛糾し、この数年ふたたび種々の意見また論争に包まれている。したがって多くの弱い良心はそれについてどのように考えたらよいのか、それについて解決をすることができないでいてもふしぎでない。神のしもべたちがそれについてすべての論争を中止し、なんらかの一致に到達するまでは、疑惑はそのままで途方に暮れているありさまである。この奥義《おうぎ》がなんの確実性も持たないということはひじょうに危険である。それについて理解を持つことは我々の救いにとってひじょうに必要なので、私はそれについて知っておかねばならない主要な事柄を簡潔に論じ、しかも明快に述べることが、ひじょうに大切な仕事であると考えた。さらに、いく人かの尊敬すべきひとびともその必要であることを考慮し、私にそのことを懇請してきたので、私はそれを断り私の義務に背《そむ》くことはできなかった。

しかし我々はあらゆる支障を避けるため、以下に私が論じようとする順序を注意しておくのは都合がよい。したがって我々は第一に、主がどういう目的でまたどういう理由でこの聖なる秘蹟を制定したかを説明するであろう。第二、我々はそこからどんな効用と利益を受けるか、そのときイエス・キリストのからだはどのように我々に与えられるかを説明するであろう。また［第三に］その正しい慣用についても説明するであろう。第四に、我々はそれがどんな誤りと迷信でもって汚されているかを述べるであろう。神のしもべたちはパピストたち[1]とどのように違わなければならないかを教えるであろう。最後に、我々はいまの時代に光の当たるところに福音を戻し、また健全な教義によって教会を正しく建設するために骨折ったひとびとのあいだにおいてさえ、かくも激しく交わされる論争の根源はなんであるかを挙げて語るであろう。

第一の項目について。我々の神は洗礼によって彼の教会に我々を受け入れることを好むので、教会は神が維持し管理することを欲する彼の家である。また彼は我々を単に彼の召使とするばかりでなく、子とするために我々を迎え入れたのであるから、父としての務めを果たすため、我々を養いまた我々の生活に必要なるすべてのものを備えているのである。からだの食物はすべてのものに共通し、悪しきものも善きものと同じようにそれをともにし、神の家族に固有ではない。たしかに我々はそこにすでに我々のからだを維持する父としての神の慈愛の証拠を持つのである。というのは彼はその祝福とともに我々に与えたすべての恩恵の配分に我々を与《あずか》らせるからである。しかし神が我々を生まれ変わらせる生命は霊的であるから、我々を保持し強固にする食物は霊的でなければならない。まことに、いつか我々が彼の天の遺産を所有するため、彼は我々を招くばかりでなく、希望によってすでに我々にまたある程度これを所有させていること、彼は我々に生命を約束したばかりでなく、我々を死から解放しすでに生命へ移動させたことを理解しなければならない。神は我々をその子として扱い、その聖霊によって我々の心に刻む、彼の言葉である不滅の種子によって我々を再生したのである。

したがってこの生命によって我々を強化するために必要なことは、朽ちやすい消え失せる食物をもって我々の腹を満たすのではなく、もっとも良いもっとも高貴な食物によって我々の魂を養うべきであることは疑いを挟む余地がない。さて聖書のすべては、我々の魂が養われる霊のパンは、主が我々を再生するこの言葉そのものである、と我々に語る。しかしそれらに同時にこの理由、すなわちそこにおいて我々の唯一の生命であるイエス・キリストが我々に与えられまた授けられた理由が追加される。なぜなら我々は神のほかのどこかに生命が存在すると考えてはならないからである。神はイエスに生命の充満のすべてを与えそれをイエスの仲介によって我々に伝達し、また神の言葉を道具として授け、それによってイエス・キリストは神の恩恵のすべてを我々に与えたのである。したがって我々の魂にはイエス・キリストのほかにいかなる食物もないのはつねに真実なのである。それゆえ天の父は我々を養うことを配慮して、我々にほかのなにものも与えないで、しかしむしろ十分に足りた食物のように、そこに我々の一切の満足が与えられることを我々に勧める。我々はそれ無しには済ますことができないし、またそれ以外になにものも見出すことはできないのである。

我々はすでにイエス・キリストが我々の魂を養う唯一の食物であることを見た。しかしそれは主の言葉によって我々に与えられ、彼はそれを道具として予定したのであるから、その言葉はパンとも水とも言われる。さて、言葉について言われることはまた聖晩餐の秘蹟にもふさわしく、それによって主は我々をイエス・キリストとの交わりへ導く。なぜなら、たとえ我々に彼が単純な教えと説教によって紹介されても、我々はあまりにも弱く心からの信頼をもって彼を受けることができない。そこで慈愛の父はこれについての我々の弱さを大目に見て軽蔑せず、彼の言葉とともに見ることのできるしるしを追加することを欲した。それによって彼はその約束の本質を具体的に表現し、我々を強固にし、我々をすべての疑惑と不確実から解放した。したがって我々がイエス・キリストのからだと血との交わりを持つと言うのはひじょうに高度でまた理解しがたい神秘であるし、また我々の側では我々はあまりに粗野粗雑なので神のいと小さきことまで理解することが不可能であるので、我々の能力の及ぶかぎりそれを我々に理解させる必要があった。したがって、我々のために主がその聖晩餐を設けたのは、[第一に]我々を彼のからだと彼の血の配分に与《あずか》るものとする、彼の福音のなかに含まれる約束を我々の良心に刻印また封印するためであり、またそこに我々の真の霊の食物が存在すること、またそのような手付けをもって我々が救いを真心から信頼することの確信と自信を我々に与えるためである。第二に、我々に対する彼の大いなる善意を我々に認めさせるためである。第三に、我々がイエス・キリストの肢体としてまったく神聖であり無垢《むく》であること、またとくに強く我々に勧められる、一致と兄弟愛を勧めるためである。主が我々に聖晩餐を命じて細心の注意を払った、これらの三つの理由を我々が十分に考慮するならば、我々はそれからどんな利益を受けるか、またそれを正しく行なうための我々の義務はなんであるか、を正しく理解することができるであろう。

いまや第二の点、すなわち我々は主の聖晩餐を利用することによって、それがいかに我々に有益であるかを教える時である。さて、援助を必要とする我々の貧困を思うならば、その有益なことが知られるであろう。我々はなんであるかを見、また我々のうちになにがあるかを考えるならば、我々は良心の異常な混乱と良心の苦痛のなかにあることが必要である。なぜなら我々のなかの一人として自分のうちにただ一粒の義さえ発見できるものがないからである。かえって我々は罪と不義に満ち、我々の良心のほか我々を起訴する告発者も、我々を非難する裁判官もない。したがってその結果神の怒りは我々に準備され、また永遠の死を免かれることのできるものは一人もない。我々は眠っていて愚鈍でなければ、この恐るべき思いは我々にとっては永遠のゲヘンナ(2)のごとく、我々を苛《さいな》み悩ますに違いない。なぜなら神の審判は、その結果である我々の断罪を見るほか、我々の記憶に入ることがないからである。我々の神が我々を死の淵《ふち》から引き戻さないならば、我々はすでにそこに落ちているのである。さらに、我々の肉は腐敗と堕落にほかならないことを反省するならば、我々はいかなる復活の希望を持つことができるだろうか。したがって、もし我々が我々自身に留まれば、我々は魂においても肉においても悲惨以上であって、我々は甚だしい悲痛と苦悩のそのような惨めな思いを持たざるをえない。ところで天の父は、それを救助するため、聖晩餐を鏡として我々に与え、そこに我々は我々の過失と罪を取り消すために十字架にかかり、また腐敗と死から我々を救い出し、我々に天の不死を回復させるために復活した我々の主イエス・キリストを熟視することができる。したがってそれこそ我々が聖晩餐から受ける特別の慰めである。それはイエス・キリストの十字架とその復活へ我々を向かわせまた導き、我々のうちにいくらかの邪悪が存在するにしても、主は我々を義なるものとして認め受け入れないではおかないし、我々のうちにいくらかの死に値する理由があるにしても、我々に生命を与えないではおかないし、我々がいくらかの不幸を持っているにしても、我々をあらゆる幸福で満たさないではおかないことを保証するためである。

または、そのことをなおいっそう明らかに説明するためであって、たとい我々は我々のうちにあらゆる善を欠き、また我々は我々の救いの助けになるものをほんの僅かしか持たないにしても、我々はイエス・キリストの死と受難をともにするものとされるならば、我々は我々のために有益であり救いに役立つすべてを持つことを聖晩餐は我々に証言するのである。したがって主から我々の主イエスのすべての善と富とが我々に与えられるかぎり、主はそこに彼の霊的恩恵のすべての財宝を我々にはっきり見せると我々は言うことができる。したがって聖晩餐は、断罪から我々を解放するために十字架にかかった、また我々に義と永遠の生命を獲得させるために復活したイエス・キリストを熟視することができる鏡として、我々に与えられたことを思い出したい。この同じ恩恵は福音書によって我々に与えられたことはまさにその通りである。しかし聖晩餐において我々はそれからいっそう十分な確実性と満ち足れる楽しみを持つのであるから、我々がそのような成果が我々に現われるのを認めるのは当然である。

しかしイエス・キリストの祝福は、なによりも彼が我々のものでなければ、まったく我々に与えられないのであるから、我々がさきに述べた事柄がまことに我々のうちに実現されるのは聖晩餐においてであって、彼はまずそこに我々に与えられる必要がある。この理由によって秘蹟の物質と実体は主イエスであり、その効力は彼を介して我々に与えられる恩恵と祝福である、と私はいつも言っている。さて聖晩餐の効力は、彼の死と受難によって我々に与えられる神との和解、彼の血の流出によって我々に与えられる我々の魂の浄化、彼の［神への］服従によって我々に与えられる義、簡単に言えば、彼が我々のために行なったことのすべてにおいて我々に与えられる救いの希望を我々が確認することである。したがってその実体はそれと結合しなければならない。そうでなければなにものも堅固ではないし確実でもないからである。したがって我々は、二つのもの、すなわちすべての幸福の源泉と、物質としてのイエス・キリストは、さらに彼の死と受難の成果と効力は聖晩餐において与えられると結論しなければならない。このことはまたそれについて我々に語られる言葉にも包含されている。というのはイエスは、彼のからだを食しまた彼の血を飲むことを我々に命じて、彼のからだは我々のために与えられ、彼の血は我々の罪の赦しのために注がれる、と付け加えている。(3)そこに彼は第一に、我々はただなんの思慮もなく彼のからだと血を受けるのでなく、彼の死と受難から我々に与えられる果実を受けるために彼のからだと血を受けなければならないことを、さらに[第三に]、我々は彼のからだと血を受けることがなければ、我々に与えられるそのような果実を受けることができないことを、彼は告げている。我々はすでに、古代においても現代においても、多く論争された、すなわちパンがイエス・キリストのからだ、ぶどう酒が彼の血と呼ばれるこれらの言葉をいかに理解しなければならないかの問題に入る。これは、もし我々がさきに述べた原則を十分に考慮するならば、大きい困難もなく解決することができるであろう。我々が聖晩餐において求めなければならないすべての効用は、もしイエス・キリストがそこに現実としてあらゆるものの基礎として我々に与えられないならば、効果がないのである。それが解決されるとき、イエス・キリストとの真の一致が聖晩餐において我々になされることを否認するのは、この聖なる秘蹟を取るに足りないとしまた無駄にすることであり、それは聞くに堪《た》えないまた憎むべき冒瀆《ぼうとく》であることを、我々は疑いもなく告白するであろう。さらに、もしイエス・キリストと一致する理由は、彼がその死によって我々に獲得させたすべての恩恵の部分と分け前を我々が持つことであるとするならば、我々は彼の霊をともにするものであるばかりでなく、我々は彼が我々の負債を償《つぐな》うため彼の父なる神にまったく服従した彼の人間性をともにしなければならない。(4) とはいえ、適切にいえば、一つのことは他のことなしに存在することはできない。なぜなら彼が自らを我々に与えるとき、我々は完全に彼を持つためであるからである。この理由から彼の霊は我々の生命であると言われるように、彼もまた自らの口によって彼のからだはまことの食べ物であり、彼の血はまことの飲み物であると宣言しているのである。(5) もしこれらの言葉が理由もなく語られたのでなければ、我々の生命をキリストにおいて持つために、我々の魂はその主要な食べ物として彼のからだと彼の血によって養われる。したがってそのことは聖晩餐において我々に明白に証明されるのである。というのはパンについて、我々はそれを取って食べるべきであり、またそれは彼のからだである、また杯《さかずき》について、我々はそれを飲むべきであり、またそれは彼の血である、と我々に言われているからである。これは明らかにそこから我々が我々の霊的生命の実体を得ることを学ぶために、からだと血について語られているのであ る。さてもしパンがキリストのからだでありまたぶどう酒がその血であるかどうかを尋ねられるならば、我々はパンとぶどう酒は我々にからだと血を具体的に現わす、見ることのできるしるしであるが、しかしそれらはあたかも主イエスが我々にそれらを授与する手段であるから、それらに対してからだと血のこの名称と名目が与えられるのであると答えるであろう。この話の形式と理由はひじょうに適切である。なぜなら、我々がイエス・キリストのからだにおいて持つ一致は、視覚ばかりでなく、我々の自然の感覚でも理解しがたいのであるが、そこに明らかに我々に指し示されている。さらにそれについて我々は類似の事柄に極めて適切な例を持っている。我々の主はキリストの洗礼においてその霊を表現することを欲し、それを鳩の姿で表わした。バプテスマの聖ヨハネは、この出来事を語って、聖なる霊が降るのを見たと言う(6)。もし我々がそのことをいっそう子細に検討するならば、聖霊をその本質において眼で見ることはできないのであるから、彼は鳩のほかなにも見なかったことを我々は発見する。しかしながら彼はこの幻は空しい表象でなく、聖霊の存在の確実なしるしであることを知ったので、彼はそれを見たと言って恐れない。なぜならそれは彼の能力によって彼に現わされたからである。我々が主イエスのからだと血において持つ一致においてもかくのごとくである。それは霊的神秘で眼で見ることも人間の常識で理解することもできないのである。したがってそれは我々の弱さが必要とするところに従って、見ることのできるしるしによって、我々に形で表わされたのである。それにもかかわらずそれは単なる形ではなく、彼の真理と実体に結合した形である。したがってパンは我々にからだを具体的に示すばかりでなく、また我々にそれを示しているのであるから、パンがからだと名づけられるのは当然である。イエス・キリストのからだの名称はパンに移ったのであるから、それは彼の秘蹟であり形であると我々はまさしく見なすべきであろう。しかし我々はまた主の秘蹟はそれらの真理と実体から分離されてはならないし分離することはまったくできないことを付け加えるであろう。それらを混同しないように、それらを区分することがただに正しくまた合理的であるばかりでなく、絶対に必要である。しかし一方が他方なしに存在するようにそれらを分離することは正しくない。したがって我々は見ることのできるしるしを見るとき、それはなにを具体的に表わしているのか、またそれはだれから我々に与えられたかを検討しなければならない。パンはイエス・キリストのからだを表わし、それを食べる命令とともに、我々に与えられた。またそれは確実にして不変の真理である神から与えられたのである。もし神は欺くことも嘘をつくこともできないのならば、彼はそれが意味することをすっかり果たしたことになる。したがって我々は実際に聖晩餐においてイエス・キリストのからだと血を受けなければならない。というのは主はそこに両者の一致を我々に具体的に表わすからである。そうでなければ、彼のからだは我々にとって食べ物であり彼の血は我らの飲み物であるしるしとして、我々がパンを食べまたぶどう酒を飲むことは、もし彼が我々に霊的真理を放棄して、我々にパンとぶどう酒のほか与えないのであれば、それはなにを言おうとするのであろうか。彼がこの神秘を制定したのは十分な理由がないのであろうか。したがって我々は、もし神が聖晩餐において我々に与える象徴的表現が真実であるならば、秘蹟の内なる実体は見ることのできるしるしに結合している、と告白しなければならない。またパンが我々の手に渡されるとき、キリストのからだも我々に与えられ、我々はその共有者にされるのである。ほかにはなにもないはずであるが、なお我々は我々を満足させる豊かな材料を持っているというのは、イエス・キリストは聖晩餐においてそのからだと血の真正の実体を我々に与え、そのとき我々は彼を完全に所有し、彼を所有すれば彼のあらゆる祝福を受けることを理解するからである。我々が彼を所有するとき、彼のなかに集約されているすべての富が我々に与えられ、その結果それらは我々の所有になるのである。したがってこの聖晩餐の効用を簡単に定義すれば、イエス・キリストはそれによって我々に与えられ、また彼において我々の欲することのできるあらゆる完全な恩恵を所有すること、さらに我々はそこに、我々が彼において持たねばならない信仰において我々の良心を強化する確実な助けを持つことである、と言うことができるのである。

聖晩餐が我々にもたらす第二の果実は、我々が主イエスから受けた、また日々受ける幸福をよりよく認識するよう我々を警告また刺激し、その結果彼に対して当然払うべき称賛の告白を彼に表現することである。なぜなら、もし彼が我々の安逸を覚醒させ、また我々の義務を果たすよう我々を前進させないならば、我々自身において、我々は我々の神の善意を考えることに驚くほど怠慢だからである。さて、彼は彼自身の実体を与える、評価を絶する祝福を我々に、いわば眼で見させ、手で触《さわ》らせ、またはっきり感じさせるとき以上に、我々を鋭く刺激する針を持つことはできないであろう。主は彼が来るときまで、彼の死を告げ知らせるように我々に命じたとき、(7) 彼が明示することを欲するのはこのことである。したがって神が我々に与えた恩恵を軽視しないで、熱心にそれを記憶に止め、またたがいに教訓を与えあうため他のひとに向かってそれを称賛することが我々の救いにとってひじょうに大切であるならば、そこに我々は聖晩餐の素晴らしい別の効果を見る。(7) それは我々を忘恩から救い、我々の主なるイエスが我々のために死んで我々に与えた幸福を忘れることを許すことなく、しかも彼に感謝を捧げ、また我々がいかに彼に結ばれているかを、たとえば公的告白をするように、我々に明言させるのである。

聖晩餐の第三の効用は、我々はそれによって敬虔な生活を送り、またとくに我々のあいだに愛《シャリテ》と兄弟愛を保持するように強く勧告されることである。なぜなら我々はそれによってイエス・キリストの肢体となり、我々の首長に対するように彼に合体し彼と結合するのであるから、まず、我々は彼の純潔と無垢に一致し、またとくに同じからだの肢体が持たねばならないようにこの愛《シャリテ》と調和を持つことになるのは当然である。しかしこの効用を正しく理解するため、我々の主はただ外なるしるしによってのみ我々の心を戒め励ましまた燃えたたせると考えてはならない。なぜなら大切なのは、彼はその聖霊によって我々に内的に働き、我々のうちに彼の業《わざ》を行なうことを欲して、そのためにその道具として定めた彼の制度を効果あらしめることである。したがって聖霊の徳はひとが秘蹟を正しく受けるとき、それらと結合するのであるから、我々は我々の生活の聖化、またとくに愛を成長させまた進歩させるための有効な手段と援助をそれから期待しなければならない。

本論の初めに我々が提示した第三の主要な点、すなわち主の制度を畏敬の思いで守らねばならない、その正しい慣習に入りたい。というのは主が招くとき主に従うことに多くの関心を持たないで、軽蔑しまたは冷淡にこの秘蹟に近づくものはすべて、それを不正に濫用しまた濫用してそれを汚すのである。さて、神が強く聖化したものを傷つけ汚すことは許しがたい冒瀆である。したがって聖パウロが秘蹟をふさわしくなく受けるすべてのものをひじょうに厳しく非難するのは理由のないことではない(8)。なぜなら、もし天にも地にも主のからだと血より高い価値がありまた尊貴なものがないとするならば、それを無分別にまた十分な備えなしに受けることは決して些細な過失ではない。したがってパウロはそれをふさわしく利用するため、我々を用心深く試すことを我々に勧めるのである。この試みはなんであるかを理解するとき、我々が探し求めるこの慣習はなんであるかが知られるであろう。

さて、ここで我々は十分警戒しなければならない。なぜなら、一方において、我々は主が命じるように我々を検討して十分行き届いた注意を払うことはできないし、他方において、ソフィスト傾向の博士たち(9)はなんだか分からない果てしなき検討を要求して、哀れな良心をひじょうに危険な混乱に、またはむしろ恐るべきゲヘンナに陥落させるからである。すべてこれらの混乱から我々を免れさせるため、私はさきに言ったが、我々がそれに従うとき、我々は我々に誤謬を犯させない規準に対するように、一切を主の命令に立ち戻らさねばならない。それに従って、我々は我々自身において真の悔い改め、また我々の主イエス・キリストにおいて真の信仰を持つかどうかを検討しなければならない。これらの二つはかたく結合し、一つは他なしには存在しない。なぜならもし我々が我々の生命はキリストに位置づけられていることを考えるならば、我々は我々自身において死んでいることを認めなければならない(10)。もし我々が我々の力《ヴエルテュ》を彼に求めんとするならば、我々は我々自身に欠陥のあることを理解しなければならない。もし我々の幸福のすべてが、彼の恩恵のなかにあると見るならば、それがなければ我々はいかに惨めであるかを理解することが必要である。もし我々が彼に我々の休息を委ねるならば、我々自身において我々は苦悩と不安を痛感しなければならない。さてこのような感情は、第一に、我々の全生活についての不満、つぎに不安と恐怖、最後に、義に対する欲求と愛を起こさせざるをえない。なぜならその罪の醜さまた神から離反されているあいだのその状況と状態の惨めさを知るものは、恥じて自分を嫌悪し自分を非難し、大いなる悲しみにあって嘆きまた溜め息をつくように強いられる。さらに、神の審判はただちに現われ、ひじょうな恐怖を伴って罪の意識を掻き立て、それを逃れるいかなる術《すべ》もなく、またその防衛を保証するなにもないのを見る。我々は我々の惨めさをかくのごとく認識し、神の善意を評価することのできるとき、我々は彼において新しいひとにされるため、我々の生活を彼の意志に従って規定し、また過去の我々のすべての生活を放棄することを欲するようになる。したがってもし我々が主の聖なる晩餐に正しく与ることを欲するならば、主イエスを我々の唯一の義、生命また救いとして心から堅く信頼し、彼から我々に与えられた約束を確実にして確定したものとして迎えまた受け入れ、他方すべての反対の信頼を放棄して、我々は我々にもまたすべての被造物にも信頼を置かないで、彼にまったき休息を託し、ただ彼の恩恵によってのみ満足しなければならない。さて、このことは、彼が我々を救いに来ることが我々に必要であることを知らないうちは、ありえないのであるから、我々もまた心中に我々の惨めさを真に痛切に意識し、我々は彼に対して飢え渇《かわ》くことが必要である。さて、食欲もないのに食物を追い求めるのはなんと愚かなことであろうか。さて、食欲を増すには、胃が空虚であることでは十分でなく、食物を取ることが準備されまた可能であることが必要とされる。したがってその結果我々の魂は、主の晩餐においてそれらの食物を確実に見出すため、飢餓に迫られ、また満腹の欲求と熱烈な憧《あこが》れを持たねばならないということになる。さらに、我々は我々自身の放棄と神の意志に服従することにある神の義を渇望しないで、イエス・キリストを求め望むことはできないことを注意しなければならない。なぜなら我々は我々をあらゆる放恣《ほうし》に委ね、また放埒《ほうらつ》な生活を送りながら、キリストのからだに属していると主張するのは不可能だからである。キリストには純潔、温厚、節制、誠実、謙遜、またそのようなすべての徳のほかは存在しないので、もし我々が彼の肢体であることを欲するならば、すべての不潔、不節制、虚偽、高慢、またそのような悪徳は我々から遠ざけねばならない。なぜなら我々は彼に大きな不名誉と恥辱を与えないで、彼にこれらのことを結びつけることはできないからである。我々はキリストと邪悪とのあいだに光と闇のあいだ以上に合致するものはまったくないことをつねに記憶しなければならない。したがってもし我々が我々の生活をイエス・キリストの模範に適合するように努力するならば、我々は真の悔い改めによってそこに到達することができるであろう。しかしながら、そのことは我々の生活のすべての部分に一般的であるが、とくに愛において生じるのであるが、それはいかなるものにもまさってこの秘蹟において我々に推薦される。この理由のためにそれは愛の鎖であると呼ばれる。[11] なぜなら、そこにおいて我々すべてのものに共通に使用されるために聖別されたパンはいくつもの穀粒からでき、それぞれを区別することができないほど一緒にぴったり混ざっているように、我々のあいだは解きがたい友情によって結ばれなければならない。またさらに、我々すべてはそこにおいてキリストの同じ一つのからだを貰い受け、その肢体となるのである。したがって、イエス・キリストが木端《こっぱ》微塵《みじん》になるのは我々による。もし我々が我々のあいだに対立と不和を持つならば、我々はあたかも我々が犯したかのごとく、その冒瀆の罪を犯すことになる。したがってもし我々が生きているひと、またとくに教会の統一のなかにあるキリスト者に対してなにかの憎悪や怨恨を持つならば、我々はすこしでもそれにあえて接近してはならない。我々は主の命令を正しく実行するために、我々もまたさらに別の熱意を持たねばならない。それは、我々がいかに多く我々の主に負うているかを口をもって告白しまた証言し、また彼に感謝を捧げ、さらに彼の名が我々のなかに賛美されるばかりでなく、またほかのひとびとを教化しまた我々の模範によって彼らがなさねばならないことを彼らに教えることである。(12) しかし信仰においても生活の神聖さにおいてもひじょうに進歩し、どこにもなお多くの欠陥のないひとはこの地上に存在しないので、多くの善良な良心は、もし信仰と悔い改めについて、我々がさきに与えた教訓を好い加減にして危険を未然に防がないならば、すでに述べた事柄によって混乱させられる恐れがあるだろう。また、それはあるものが採用する危険な教訓の方法であって、彼らは心の完全な信頼と完全な悔い改めを要求し、またそれらを持たないすべてのものを聖晩餐から除外せんとする。(13) そうするならば、すべてのものが除外され一人の例外も許さないのである。まことに、すこしの欠点もないと誇ることのできるものはだれであるか。すこしの悪徳また弱さに陥らないものはだれであるか。たしかに神の子らは主が彼らの不信を助けるように祈ることをつねに必要とする信仰を持っている。(13) なぜならそれは我々が我々のこの肉体の牢獄から解放されるまでは完全に癒《いや》されない、我々の性質に深く根ざしている病気だからである。さらに、彼らは純潔な生活を営み、いっそう成長するように、彼らの罪の許しのためまた恩恵を乞うため、日々祈る必要がある。あるものはひじょうに不完全であり、あるものはそれほどでないとしても、しかしながら多くの面に欠点のないものは一人もいないのである。したがって聖晩餐は、たといそれが我々に信仰または生命の完全さをもたらすにしても、それに異議をはさむ余地はないが、我々すべてのものにとって無用であるばかりか有害でさえあるであろう。これは我々の主の意志に反する。なぜなら彼の教会にさらに有益なものはなにもないからである。したがってたとい我々が我々のうちに信仰の不完全であることを意識し、また良心が多くの悪徳によって我々を咎《とが》めないほど、純粋な良心を持ち合わせなくても、我々の弱さのなかで、我々が偽善も偽装もなく、イエス・キリストの救いを切望し、また福音の規準に従って生きることの欲望を我々の心のなかに意識するならば、それは我々を主の聖晩餐の卓に列せしめることを妨げないのである。私ははっきり言うが、そこにはすこしの偽善も存在しない。なぜならそのときつねに持ち続ける悪徳を非難し、またはすぐあとでそこに戻ってしばらくそれから遠ざかるならば十分であると自分に信じ込ませて、空しい諂《へつら》いによって自分を欺くものが多いからである。さて、真の悔い改めは堅固であり不変である。したがってそれは我々のうちの悪に対して一日や一週間だけでなく終りなくまた絶え間なく戦わせるのである。

さて我々は我々のうちに神を恐れることから生じる、また我々のすべての悪に対する強烈な不快感と嫌悪感、また我々の主の気に入るように正しく生きようとする願望を覚えるならば、我々のからだの持つ弱さが残存するにしても、聖晩餐に与ることができるのである。実際、もし我々が不信に陥りやすくまた不完全な生活を送る弱いものでなかったとするならば、秘蹟は我々にとってなんの役にも立たないし、それが制定されたことは余計なことであった。したがってそれは我々の弱さを助け、我々の信仰を強くし、我々の愛を増大しまた我々を生活のまったき聖化へ向けて進歩させるために神が我々に与えた妙薬であるから、病気が我々を悩ますことを感じれば感じるほど、我々はそれを利用しなければならない。それを我々に差し控えさせるどころではないのである。なぜならもし我々を聖晩餐に来ることを免れさせるため、我々が信仰においてまたは生活の完全さにおいてなお虚弱であることを口実にするならば、それはあたかもあるひとが病気だから医薬を飲まないと言い訳するようなものだからである。したがって我々が我々の心に感じる信仰がいかに弱いかを見よ。我々の生活における不完全さがそれらを償う唯一の特効薬としての聖晩餐に来ることを我々に勧告するのである。ただ、我々は信仰と悔い改めを欠かしてはならない。前者は心のなかに隠されているものである。したがって我々の良心は我々にそれを神のまえに証言しなければならない。後者は業《わざ》によって示される。したがってそれは我々の生活になんらかの方法で現われなければならない。

聖晩餐に与らねばならない時について、すべてのものに同じ規則を強制することはできない。

なぜならときにはそれを差し控えることを免れさせる特別な障害があるからである。またさらに、我々はそれが指示される日ごとにそれを行なうことをすべてのキリスト者に強制する特別な命令を持たない。しかし、もし我々は主が我々を導かんとする目的を詳しく考えれば、それを行なうことは多くのものがそれを行なう以上にひんぱんにそれを行なうべきであることを認めるであろう。(41) なぜなら、弱さが我々を悩ませば悩ますほど、我々は信仰において我々を強固にし、また純潔な生活へ向けて我々を進歩させるのに役立てることができるような、またそうしなければならない訓練をひじょうにしばしば積むことが必要だからである。したがってこの慣習はよく組織されたすべての教会においては、ひとびとの能力の許すかぎりしばしば聖晩餐を行なうべきである。そして、それについて、めいめいはそれが信徒の集会(15)において行なわれるたびに、それを差し控えるように強いる大きな障害がなければ、それを受ける準備をしなければならない。我々はその時間と日を定める特別な命令を持たないが、それによって我々にもたらされる効用を十分認識すれば、我々はそれをしばしば行なうべきで、それが我々の主の意志であることを知るならば足りる。これに反してあるひとびとが主張する口実はひじょうに浅薄である。あるものはそれを価値がないとし、そしてこの口実のもとにそれを一年中差し控えると言う。他のものは彼ら自身の不適格さを見て満足はしないが、しかし十分な準備をしないでそこに来ると思われる若干のひとびとと一緒に聖晩餐を受けることはできないと主張する。

またあるものはそれをしばしば行なうのは余計なことである。なぜならもし我々が一度イエス・キリストを受けるならば、すぐあとでふたたび彼を受けなおす必要はないと考えるからである。私は彼らの不適格さを引き合いに出す第一のひとびとに尋ねる、彼らの良心は一年以上も神に直接祈って加護を願うことをあえてしないで、かくもあわれな状態に留まることにいかによく堪えることができるのであろうか、と。というのは彼らは私に、もし我々がイエス・キリストの肢体でないならば、我々の父として神に加護を求めるのは厚かましいと認めるであろうからである。これは聖晩餐の実体と真理が我々のうちに実現しないならば不可能である。しかし、もし我々がその真理を持つならば、我々は当然そのしるしを受けることが可能である。したがって不適格であるとして、聖晩餐を受けることを免れんと欲するものは神に祈ることから遠ざかるものであると見られる。しかしながら、私はどうしてよいのか分からないで聖晩餐に与ることにいくらかのためらいで悩まされる良心を強制することは主張しない。彼らにはむしろ主が彼らを救うことを期待するように勧める。同様に、もし正当な障害の原因があるならば、延期するのが許されることを私は否定しない。ただ、私はいかなるものもその不適格の理由で聖晩餐を差し控えることに長いあいだ同調してはならないことを教えることを欲する。彼はそうすることによって我々の幸福のすべてが存在する教会の交わり(16)を自分自身に禁じることになるのである。むしろ彼はひじょうに大きな利益またしたがってすべての恩恵から除外されそれに続くそれらの喪失を招かないように、悪魔が彼に持ち出すすべての妨害と戦う努力をするように。第二のものはつぎのような理由を持ち出していくらかもっともらしい。彼らは、たがいに兄弟たちと呼び合うが、放埒でよこしまな生活を送るひとびとと共通のパンを食べることは正しくないと言うのである。[17] 当然我々は彼らと一緒に主のパンを受けることは差し控えねばならない。それはキリストのからだを我々に具体的に示しまた分かち与えるため聖化されているからである。しかしそれに対する答えはあまり難しくない。彼に気に入るものを聖晩餐に迎えたりまたは拒否したりするために判断したり見分けることはそれぞれの個人の役目ではない。この特権は一般にすべての教会、または牧師と彼が教会の統治において彼を補佐しなければならない長老たちに属する。なぜなら聖パウロは、それぞれは他人を吟味しないで、自分自身を吟味することを命じているからである。[18] たしかに我々がふしだらな生活をしていると見るものを警告し、もし彼らが我々に耳を傾けることを欲しないならば、それを牧師に知らせ、教会の権威によって処置させることは我々の義務である。しかし悪しきものの仲間から我々を離脱させる本当の方法は教会での交わり《コンミュニオン》をやめることでない。さらに、ひじょうにしばしば、それらの罪は破門に至らしめるほど顕著でないことがある。なぜなら牧師は心のなかであるひとを不適格であると判断しても、もし教会の裁判によってそのひとの不適格を立証することができないならば、彼はそのひとをこのように宣告し聖晩餐を拒否する権力を持たない。このような場合、我々は神があらゆる躓《つまず》きからますますその教会を救い出すことを祈り、また籾殻が完全に良い穀物から分離されるであろう[19]最後の日を待つほか救済策を持たないのである。第三のもの[20]にはもっともらしい見せかけはなにもない。なぜならこの霊のパンは初めから我々をそれで満足させるために与えられたのではなく、しかしむしろその甘美をいくらか味わったので、我々はそれをいっそう切望し、それが我々に与えられるときにそれを受けるのである。我々はそのことをすでに説明したが、我々は死を免れないこの生活に留まるかぎり、イエス・キリストは我々に決して我々の魂が十分満足するほど伝授しないが、しかし彼は我々にとって不断の食物であることを欲するのである。

第四の主要な点に移る。悪魔は我々の主がその教会にこの聖なる秘蹟のほか有益ななにものも残さなかったのを知り、彼のいつもの方法であるが、初めからその成果を腐敗させ破壊するため誤謬と迷信でそれを汚すことに努力しまた主の命令《オルドナンス》をほとんど完全に覆して嘘と空しさに変えるまで、その企てを絶えず続けて止まない[21]。私の意図はいつそれぞれの誤謬が発生し、またそれらが増加したかを教えることではない。私は悪魔がどんな誤謬を導入したか、我々は主の聖晩餐を完全に保たんとするならば、我々はそれに対してどんな警戒をしなければならないかを逐条的に注意すれば足りるのである。

第一は、主が我々に我々のなかに配分されるためにその聖晩餐を授け、我々は彼のからだに与えるとき、主は我々の償《つぐな》いと罪の贖《あがな》いのために、十字架において彼の父なる神に捧げた犠牲に与ることを我々に証明するためであるとする。ところが、このように主張するひとびとは彼らの頭でそれを我々が神のまえに我々の罪の許しを受ける犠牲であるという考えを作り上げた。それは我慢のできない冒瀆である。なぜならもし我々が主イエスの死を認めないで、またそれを神の審判に対して我々が債務を負う我々のすべての罪を消し去り、我々を父［なる神］と和解させる、ただ一度の犠牲と見なさないならば、我々はイエスの死の効力を破壊することになるからである。もし我々がイエス・キリストをただ一人の犠牲奉仕者であり、我々はそれを一般に祭司と言うが、彼の執り成しによって我々は父［なる神］の恩恵に浴することを告白しないならば、我々は彼からこの名誉を奪い去りまた彼を甚だしく侮辱することになる。(22) したがって聖晩餐を罪の許しを得る犠牲であるとするこの意見は、それをまったく否定することで、悪魔的であると非難しなければならない。それは聖晩餐を否定することが極めて明らかである。なぜなら、イエス・キリストは死んで彼の父［なる神］に犠牲を捧げ、それによってただ一度我々のすべての罪の赦免と恩恵を取得したこと、(23) またただこの死においてのみ求めなければならないことを獲得するため日々犠牲を捧げねばならないこと、これらの［二つの］事柄をいかに一致させるべきであろうか。この誤謬は初めそれほど極端でなかった。しかしそれがすこしずつ増大し、ついに現在の状態に到達した。古代の教父たちが聖晩餐を犠牲と呼んだことは明瞭である。

しかし彼らはそれについてイエス・キリストの死はそこに具体的に示されていると説明する。したがってそれは結局こういうことになる。すなわち、この名称は単にこのただ一度の犠牲の記念として、聖晩餐に与えられたのであるから、我々はこの一度の犠牲に完全に留まらねばならないというのである。私は古代教会の慣習を本当に説明することはできない。彼らは身振りや所作をもって、旧約聖書の時代に行なわれた儀式にほぼ似た一種の犠牲を捧げた。もっとも彼らは動物の代りにパンを犠牲《オスティ》(24)として用いたのである。それはあまりにユダヤ教に接近し、また主の制定に一致しないので、私はそれを承認しない。なぜなら旧約聖書の時代、外形の時代に主はこのような儀式を命じた。この犠牲は彼の愛する子のからだによって行なわれたまでであって、それはこれらの儀式の完了であった。それが完了してからは、我々にはその伝達を受けることしかほかになすべきなにものも残っていない。したがってそれをなお外形で表わすことはもはや余計である。したがってイエス・キリストが我々に残した命令はこういう意味である。我々は犠牲を捧げまたは供するのでなく、犠牲に捧げられまたは供したものを取って食べるということである。しかしそのような守り方にいくらか欠陥があったが、その後にあったような不敬虔なことはなかった。なぜならキリストの死に固有のもの、すなわち我々の負い目(25)に対して神を満足させること、また、これによって、我々を神と和解させることのすべてがミサに移されたからである。おまけに、イエス・キリストの職務は司祭と称する、すなわち神に犠牲を捧げ、また犠牲を捧げて恩恵と我々の罪の許しを得るように執り成すひとびとに与えられた。私は真理の敵どもがここに主張する説明を妨げることを欲しない。ミサは新しい犠牲ではなく、さきに我々が述べたただ一度の犠牲の適用にすぎないとする。彼らはこのように述べて彼らの忌むべき行為をわずかに取り繕《とつくろ》っているが、それはまったく詭弁でしかない。なぜならキリストの犠牲はただ一度であって、その効果は永遠に存続し、決して繰り返さるべきでない(26)と言うからである。キリストはかつて一度父[なる神]にすべてを捧げたので、他のものが、キリストのちに、彼の執り成しの力を我々に向けるため同じ奉献《オブラション》をするのではなく、しかしキリストは天の聖所に入り、そこで彼の執り成しによって我々を慈愛の父[なる神]へ取り戻すために現われた(27)と言われるのである。我々がキリストの死の功徳を我々に適用し、その成果を意識するのは、教皇の教会において考えられた方法によってでなく、神がその使節として任命した聖職者の説教によって我々に証言される、また秘蹟によって我々に封印される福音の使信を我々が受けるときである。教会のすべてのひとびとのこの意見、すなわちひとはミサを聞いたりまたは言わせたりするとき、この敬虔によって神のまえに恩恵と義を受けるに値するというのは、すべての博士たちと高位聖職者たちによって承認されている。しかし我々は、聖晩餐からなにかの利益を感じるには、我々が求めんとするものを受けるに値するため我々の側からなんの協力も必要でなく、そこに我々に与えられる恩恵をただ信仰によって受けるだけであると主張する。それは秘蹟のなかに存在せず、それが生じるイエス・キリストの十字架に我々を向かわしめるのである。したがって聖晩餐を犠牲とするほど、その真の理解に逆行するものはなにもない。その結果その力は永遠に存在するただ一度の犠牲としてのキリストの死を承認することから我々を反《そ》らせるのである。もし我々がそのことを十分に理解するならば、主が制定したような交わりではさらにないすべてのミサは、忌むべきものでしかないことは明らかであろう。なぜなら主は、司祭だけが、その犠牲を捧げたあと、別に聖晩餐《コンミュニオン》を行なうべきことを命じたのではなく、その秘蹟は彼が使徒たちとともに行なった最初の聖晩餐の例にならって、会衆に分配させることを欲したからである。しかしこの忌わしい意見が、そこから、深淵のように、作り上げられたあと、この不幸な慣習が生じ、ひとびとはそこから与えられる功徳に与るためにミサに出席することで満足し、聖晩餐《コンミュニオン》を差し控え、司祭は犠牲《オスティ》をすべてのもの、またとくにその列席者に与えることを自慢する。指摘に値しないほどひじょうに可笑《おか》しい誤謬については、私は語ることをやめる。たとえばミサをすべての聖者に帰し、主の聖晩餐について言われることを聖ギヨーム[28]や聖ゴリエ[28]へ移譲し、それを売り買いの通常の定期市にし、また我々に犠牲という言葉を生じさせたその他の忌むべき行為のごときを。

　悪魔がこの聖なる神秘を汚すために播《ま》き散《ち》らした第二の誤謬は、聖変化の意志をもって発せられた言葉のあと、パンはキリストのからだに、ぶどう酒はその血に変化することを考え出し発明したことである。第一、この虚偽は聖書に根拠が無いし、また古代教会の証言もまったく無い。さらに、それは神の言葉に一致しないしふさわしくない。イエス・キリストがパンを指してそれを彼のからだと呼ぶとき、パンの実質は消滅し、その代りにキリストのからだになるというのはあまりにも強引な解釈ではないか。しかし真理はこの不条理を反駁して十分に明らかなので、それを疑う必要があるだろうか。ここで私はその秘蹟がパンと呼ばれる、聖書と古代の教父たちの、多くの証言を省略する。私はただ、その秘蹟の性質は、物質的なパンが彼のからだの見えるしるしとして留まることを必要とするとだけ言っておく。なぜなら我々がそこに見るしるしは象徴される霊的なものとある類似をもっているはずであるのがすべての秘蹟の一般的な法則であるからである。(29) したがって洗礼において水が我々のからだの汚れを払拭する証拠として我々に注がれるとき、我々は我々の魂の内なる浄化を確信するのと同じである。聖晩餐においてキリストのからだが我々の食物であることを我々に証明する物質的なパンが存在しなければならないのである。したがって我々にそのことを象徴するその白色だけしか存在しないならば、この秘蹟はなにを意味するのだろうか。したがって主が我々の弱さに応じるために、我々に与えることを欲するすべての象徴は、パンが真にパンに留まらなければ、消えて無くなってしまうのを、我々は明らかに見る。なぜなら主が我々に対して用いる言葉の意味はつぎのとおりである。すなわち人間はパンを食べると、そのからだに栄養が補給され養育されるように、私のからだは魂に生命を与える霊的食物であるということなのである。(29) さらに、聖パウロの用いる他のたとえ(30)はどのようになっているのか。すなわちいくつもの穀粒が一緒に混ざってただ一つのパンを作っているように、我々はすべて一つにならなければならない。なぜなら我々はすべて一つの同じパンを共にするからである。(31) もし実質のないただの白色しか存在しないとするならば、このように言うのは冗談ではなかろうか。しかしこの実体変化(32)は悪魔のでっちあげた発明であって、聖晩餐の真理を汚すものであると、我々は躊躇《ためら》わずに結論する。

この幻想からのちに他のいくつかの錯乱が生じた。それらは錯乱にほかならない、また甚だしく嫌悪すべきものでなければよいが。なぜなら彼らはその結果として起こるすべての不条理を考慮しないで、イエス・キリストはその神性と人間性においてこの白色に結びつけられると、私はどんな局所的存在をするのか知らないが、想像しまた考えたのである。昔のソルボンヌ(33)の博士たちはからだと血がしるしにいかに結合するかを極めて精緻に論じたが、この意見、すなわちイエス・キリストはこれらのしるしのなかに包含され、そこに彼を求めなければならないことが教皇の教会の上下のひとびとによって承認され、またそれは現代において火と剣によって厳しく維持されていることは否定できない。さてそのことを主張するには、キリストのからだは制限がないこと、または異なる場所に存在することができることを告白しなければならない。このように述べれば、そのことからそれはついに幻想とまったく異ならないということに到達する。したがってキリストのからだがしるしのなかに囲まれ、またはそこに局所的に結合するというこのような存在を確定しようとすることは、夢であるばかりでなく、憎むべき誤謬であって、キリストの栄光を毀損《きそん》しまた彼の人間性について我々の持たねばならない事柄を破壊するのである。なぜなら聖書は至るところで、イエスは地上において我々の人間性をとり、それを天に高め、その朽つべき条件を取り去ったが、その性質は変わらないと教える。(34) そのように我々はこの人間性について語るとき、考慮すべき二つの事柄を持つ。すなわち我々は彼の性質の真実を彼から奪ってはならないし、また彼の栄光の条件をすこしも毀損してはならないのである。そのことをよく守るため、我々は我々の贖《あがな》い主《ぬし》を追い求めるため我々の思想をつねに高めなければならない。なぜならもし我々がこの世の朽つべき要素のもとに彼を低くし、さらに聖書が彼の人間性について我々に教えるところを破棄することを欲するならば、我々は彼の昇天の栄光を破滅させるからである。ほかに数人のひとがこの問題を詳細に論じているので、私がこれを繰りかえすのは無駄である。ただ、ついでに、私が注意しようと欲するのは、まったくの想像によって、イエス・キリストをパンとぶどう酒のなかに封じ込め、またはそれに彼を結合し天上を見ることなくそれによって我々の心を楽しませるのは悪魔の夢であるということである。これについて我々はさらに別のところでいくらか触れるであろうこの間違った意見は、かつて受け入れられ、ほかの多くの迷信を生じた。第一にこのからだの崇拝はまったくの偶像崇拝にほかならない。なぜなら、聖晩餐のパンのまえに平伏《ひれふ》し、またそれをあたかもイエス・キリストがそこに包含されているかのごとくそれを崇拝するのは、秘蹟の代りにそれを偶像とすることである。我々は崇拝するのでなく、取って食べる命令を受けている。したがってそれをあまりに軽々しく考えてはならない。さらに、それは古代教会においてつねに、聖晩餐を行なうまえに、イエス・キリストを正しく崇《あが》めるため、見ることのできるしるしに留まってはならないことを強調して、心を高く上げる(35)ようおごそかに奨励したのである。しかし、もし我々がすでに語ったしまたのちにも語るであろうが、真理の臨在としるしとの結合が十分に理解されるならば、この点について長く論争する必要はない。同じ一つの源から他の迷信的な行事が発生した。それは一年に一度(36)秘蹟を担いで華やかに街頭を行列し、ある日(37)にそのために聖《せい》櫃《ひつ》を造り、また一年中それを戸棚のなかに展示しあたかもそれが神であるかのようにひとびとを楽しませるごときである。それらはすべてただ神の言葉に基づかない捏造《でつぞう》であるばかりでなく、また聖晩餐の制度にもまったく反するもので、すべてのキリスト教徒はそれを排斥しなければならない。

我々は教皇の教会に起こったこの災禍の起源を明らかにした。ひとびとは一年中聖晩餐に与ることを差し控えることであって、それは聖晩餐をすべてのものの名においてただ一人によって捧げられる犠牲と見るからである。しかしなお、それが年に一度行なわれるならば、聖晩餐は惨めにも破壊されまたあたかもずたずたに引き裂かれるのである。なぜなら主の命令に基づかないで、ひとびとに血の秘蹟を分配しないで、他の半分で満足しなければならないと彼らに信じこませるからである。したがって憐れな信者たちは主が彼らに与えた恩恵を不当に奪われているのである。なぜならかりに我々の糧として主の血に与ることがわずかの利益ももたらさないとしても、それが属するひとびとから血を奪うことはあまりにも大きい残忍な行為である。我々はそこに教皇が、教会を支配し、どんなに大胆に厚かましく教会に暴政を行なっているかを認めることができる。我々の主はその弟子たちに彼のからだとして祝福されたパンを食べることを命じ、杯に及んで彼らに単に、飲め、と言ったばかりでなく、すべてのものはそれを飲むことを明らかに言い足している[28]。我々はこれ以上明らかななにかが必要であろうか。彼は一般的な言葉を用いないで、我々はパンを食べるべきであると言う。彼は我々はすべて杯を飲むべきであると言う。彼は悪魔のこの悪意に遭遇することを予期したとしても、この相違はどこから来たのか。それにしても、すべてのものは［ぶどう酒を］飲んではならない、とあえて言う教皇の思い上がりはかくのごときである。また彼は神よりいっそう賢明であることを示し、司祭が聖職の威厳を保つため、庶民を越えるある特権を持つのは極めて当然であると主張する。あたかも我々の主は一方を他方から差別すべきであることを十分考えなかったかのようである。さらに、教皇はもし杯をすべてのひとに同じように与えるならば、起こることがありうるであろう危険を挙げて反対する。というのはその数滴はときに零《こぼ》れることがあるからである。あたかも我々の主はそれを予測しなかったかのごとくである。それは神が守らねばならない秩序を混乱させ、また理由もなくそのひとびとを危険にさらしたとして、神を公然と非難することではないか。教皇はこの変更に重大な不都合がないことを示すため、からだは血から分離することは不可能であるのにかかわらず、ただ一つの外観(39)のもとにすべてが含まれると主張する。あたかも主がそれぞれを区別したのは無駄であったかのようである。なぜならもしどちらかを一つ余計なものとして切り捨てることができるならば、それらをそれぞれ別々に勧めることは気違いじみたことであろう。その支持者のあるものはこの嫌悪すべき行為を主張することは破廉恥であることに気付き、それを別なふうに擁護することを欲した。すなわちイエス・キリストは秘蹟を制定するに当たって、聖職に任命した彼の使徒たち以外には語らなかった、と彼らは言う。しかし聖パウロは、彼が主から受けたことをすべてのキリスト教徒に伝えたと言っているが、それに対して彼らはなんと答えるであろうか。彼は、おのおのはこのパンを食べ、この杯を飲むべきである、と言っている(40)。実際、我々の主が司教たちに対するように、その使徒たちに聖晩餐を与えたのだと彼らに洩らしたのはだれか。なぜならこれらの言葉は、イエス・キリストがその例に従って行なうべきことを彼らに命じた(41)のであれば、それらは反対のことを言っているからである。したがって彼はその教会においてつねに守られることを欲する規則を彼らに与えている。この規則は昔、反キリストが勢力を得て、神とその真理に公然と逆らい、それを完全に破壊せんとしたときまで守られていたのである。したがって我々は、神が結合した部分を分離し、このように秘蹟を分割しまた引き裂くのは堪《た》えがたい暴行であると考える。

　結末をつけるため、我々は、別々に分けるべきところをただ一つの条項にまとめるであろう。それは悪魔がなんらの教義もなく聖晩餐を行なう方法を導入し、また教義のかわりに部分的に不条理なまた効果のない、また部分的に危険な儀式を多く取り入れたので、その結果相次いで多くの不幸が起こったことである。したがって教皇の教会において、真の聖晩餐として行なわれるはずのミサが、はっきり言えば、まったくの猿真似か道化のほかのなにものでもないのである。私がそれを猿真似と言うが、彼らはそこにおいて主の晩餐を理由なく模倣し、猿のようにでたらめにまた無分別に、ひとのするのを見てただ真似るだけを欲するからである。まことに、主が我々に主要なこととして勧めたのはこの神秘を真に理解して行なうことである。したがってその本質は教義のなかに存在することになる。これが無くなれば、それはただ冷ややかな無益な儀式でしかない。それはただ聖書によって示されるばかりでなく、また聖アウグスティヌスから引用される、教皇の条文《カノン》(42)によって証明される。そこに彼は言葉のない洗礼の水は、腐敗しやすい要素でなければ、なんであるかを尋ねる。そのすぐあとで彼は言う、言葉は語られるものでなく、理解されるものだと言う(43)。それによって彼が言おうとしているのは、秘蹟は言葉で理解しやすく説かれれば、言葉から力を受けるのであるが、そうでなければ、それは秘蹟と言われるに値しないということである。さてミサに理解できる教義が存在しないで、かえって、まったくなにか分からないように、すべてが行なわれまたこっそりと言われるならば、すべての神秘はそこで台無しにされるであろう、と考えられる。したがって彼らの「パンの」聖別は一種の魔術にほかならない。彼らは魔術師のようにつぶやき、派手な身振りをすれば、イエス・キリストを彼らの手に引き降ろすことができると思っている。ミサがこのように行なわれるならば、それはキリストの聖晩餐を守るというよりむしろ明らかな冒瀆であり、したがって聖晩餐の本来のまた主要な本質はそこに欠如していると見られる。すなわち、その神秘はひとびとに十分に説明されまたその約束は明快に語られるべきで、司祭が意味もなく理由もなく、独り低い声でつぶやくべきではない。私はそれもまた道化と呼ぶが、それは真似事であり身振りであって、主の聖なる晩餐の神秘というよりむしろ道化芝居にふさわしいからである。旧約聖書において犠牲がいくらかの装飾と儀式を伴って行なわれたことはまったくの事実である。しかしその時には良い意味があって、すべてのものはひとびとを教えまた敬虔を訓練するのにふさわしかったので、現在行なわれるそれらと同じであるとするにはほど遠い。それらはなんの効果もなくひとびとを楽しませるだけでなんの役にも立たない。ミサ擁護者たち(44)は彼らの儀式の防衛のため旧約聖書の実例を引き合いに出すが、我々は彼らが行なっていることと神がかつてイスラエルの民に命じたこととのあいだにはどのような差異が存在するかを指摘しなければならない。そのとき守られたことは主の命令に基づいたものであるが、しかしこれに反してすべての彼らの軽佻さは人間のほかなんらの基礎を持たないということ、この一点以外にないのであるならば、そこになおひじょうな差異が存在する。しかし我々はその正反対を立証するひじょうに多く利点を持っている。というのは我々の主はしばらくのあいだこの形式を命じ、いつかそれを終らせまた廃止することを意図したのは理由のないことではない。(45) なぜなら彼はそのときまだひじょうに明快には教義を教えていなかったので、この民族が、欠けているところを別の場所で埋め合わすため、多くの外形を行なうことを欲したからである。しかしイエス・キリストが肉において現われてから、教義が明らかにされればされるほど、外形は減少した。我々はいまからだを持っているので、影は棄てなければならない。なぜならもし廃止された儀式を我々が回復しようと欲するならば、イエス・キリストがその死によって裂いた神殿の幕(46)を修復し、またその福音の輝きをそれだけ暗くするからである。したがってミサにおけるこのような多くの儀式はキリスト教に真っ向から反対するユダヤ人のやり方である、(47)と我々は見る。もし儀式が簡素でほどほどであるなら、それは節度と公秩序にまた秘蹟に対する尊敬を増長するのに役立つものであることを私は非難することを欲しない。しかし果てしのないこのような深淵は決して許せるものでない。なぜならそれは多くの迷信を生じまたひとびとを愚鈍に落とし入れ、なんらの啓発を齎《もたら》すことがないからである。

そこから我々はまた教皇主義者と神がその真理の理解を与えたひとびととのあいだの差異を見取ることができるのである。第一に、ミサは犠牲であって、それによって我々に罪の許しが与えられると見なすこと、または司祭はそのミサを贖い、またはそこに出席し、またはそこで信心を深めるであろうひとびとにキリストの死と受難の功徳を与える仲介者のごときであると見なすことは、忌わしい瀆神行為であることを彼らは疑うことはできない。反対に、彼らは主の死と受難はただ一度の犠牲でありそれによって彼は神の怒りを償い、またその結果永遠の義が我々に取得されること、また同様に、主イエスは天の聖所に入り、そこにおいて我々に現われ、またその犠牲の力によって執り成すことが確実であると主張すべきであろう。さらに、この死の結果は聖晩餐において、我々が信仰をもって約束を受けることによって、行為《おこない》の功徳によってではなく、我々にそこにおいて与えられた約束のゆえに授けられることを、彼らは進んで認めるであろう。第二に、彼らはパンがイエス・キリストのからだに変化することも、ぶどう酒は彼の血に変化することも決して承認すべきではなく、しかし見えるしるしには、我々が先に語ったとおり我々に霊的真理を表わすため、それらの真の実体が留まることを強く主張しなければならない。第三に、彼らは主は聖晩餐において彼がそれによって我々に象徴的に表わすことを我々に伝え、その結果我々は真にイエス・キリストのからだと血を受けることを確実なものとして主張しなければならない。しかしあたかも彼がパンのなかに閉じこめられ、または見えるしるしに局部的に結びついているかのごとく彼を探し求めるべきではなく、彼らは決して秘蹟を崇拝してはならないのである。むしろ彼らはイエス・キリストを受けまた崇拝するため、彼らの理性と心を高く挙げるべきであろう。したがって彼らは、華麗な行列をして秘蹟を持ちはこんだり、それを崇拝させるため幕屋を建てるごとき、すべてこのような迷信的振舞いを偶像崇拝として軽蔑また非難すべきであろう。なぜなら我々の主の約束は彼が我々に委ねた慣例を越えて拡大しないからである。つぎに彼らが秘蹟の一部、すなわち杯をひとびとに受けさせないことは、主の命令に叛《そむ》きそれを改竄《かいざん》することであり、また彼らはそれを正しく守るため、それぞれを完全に配分する必要があることを強く主張すべきであろう。最後に、彼らは使徒たちが我々に残した簡素さを超えて、ユダヤ人から借用した多くの儀式を行なうことは、キリスト教にとって無駄であるばかりでなく危険でもあり、またふさわしくない行き過ぎであり、また、教義はそこに思い起こされないで、むしろそこに埋没して、あたかも聖晩餐は一種の魔術であるかのごとく、人真似と訳の分からぬ仕草をして聖晩餐を行なうことは大きな誤りであると見なすべきであろう。

　本論を終るため、最後の主要な点に到達しなければならない。それはこの主題について現代に行なわれる論争である。さて、それはもちろん悪魔が福音の流れを妨げ、それどころかそれをまったく乱すように唆《そそのか》したのであるから不幸なことであり、私はその記憶がまったく無くなってしまうことを欲する。それを詳しく述べることは私にとって決して愉快ではない。それにもかかわらず、私は困惑する多くの良心があるのを見て、彼らはどの方角に向かうべきかを知らないので、どれをとるべきかを示すため、それについて必要であると私に思われることを簡単に述べるであろう。第一に、私は神の名においてすべての信者に懇願するのは、真理に光を取り戻すため指導者であるはずのひとびとのあいだにひじょうに多くの差異が現われていることについて、決して躓《つまず》いてはならないということである。なぜなら主は彼の僕《しもべ》たちをいくらか無知のままに置き、また彼らがたがいに論争するのを容認するのは珍しいことではない。それはいつまでも彼らをそこに打ち捨てておくのではなく、ただしばらく彼らを謙《へりくだ》らせるためである。また実際、すべてがすこしの動揺もなく、今まで望み通りに運んだならば、ひとびとは恐らく自分自身を忘れてしまったであろうし、または神の恩恵は十分に知られなかったであろう。また主はただひとり栄光を受けるため、ひとびとからすべての栄光の理由を取り去ることを欲する。(48) さらに我々を真理に立ち戻らせ始めたひとびとがこの論争を引き起こしたとき、世界はどんなに暗黒の深淵のなかにあったかを考えるならば、最初彼らはなにも知らなかったことについて我々はすこしも驚かない。むしろ奇蹟であるのは、我々の主はほんのしばらく彼らを「聖霊によって」啓発し、したがってひとびとがひじょうに長く沈潜したこの誤謬の泥沼から脱出し、またそこからほかのものたちを引き上げることができたことである。しかしそのことがいかに進行したかを述べるほど良いことはない。なぜならそれによってそれが一般には考えられないほど、それに躓く大きな機会はまったく無くなることが明らかにされるからである。ルターが教え始めたとき、彼は聖晩餐の問題を論じて、キリストのからだの臨在について世のなかがその当時抱いていた見解をそのまま残したように思われる。なぜなら彼は実体変化を非難したが、パンはキリストと結合するかぎり、キリストのからだであると言った。さらに彼はすこしぎこちない荒っぽい類比(49)を追加した。しかし彼はそれを強要されたので、彼の意図をべつに説明することができなかったのである。なぜならいくらか不適当な言葉を用いないで、かくも高度な事柄を理解させることは困難であった。他方、ツヴィングリ(50)とエコランパディウス(51)が立って、悪魔が七百年以上に渉《わた》って教え続け、このキリストのからだの臨在［の説］を確立して、これを濫用しまた欺瞞していることを検討して、彼らは沈黙を守ることは正しくないと考えた。イエス・キリストがパンに閉じ込められているかのように、それを崇拝している事実は呪うべき偶像崇拝を齎《もたら》したからである。しかしこの意見を抹消することは、それがひじょうに長くひとびとの心のなかに根を下ろしていたのでひじょうに困難であったが、彼らは才能のすべてを傾けて、イエス・キリストの昇天が聖書のなかに明らかに証言されているのに、またイエス・キリストは彼の人間性とともに天に迎えられ、また彼は世を裁くためにそこから降下するまでそこに留まるであろうことを認めないのは、いかに重大な誤謬であるかを指摘した。しかるに彼らはこの点に夢中になって、イエス・キリストの臨在は聖晩餐において信じられるべきであり、また彼のからだと血の伝達はそこにおいて受けられるべきことを指摘するのを忘れた。そこでルターは彼らがそれらの霊的実体を無視してただしるしだけのほかなにも残すことを欲しないと考えた。したがって彼らに対して猛然と抗議を開始し、ついに彼らを異端者であると宣言した。論争がひとたび始まると、それは時とともにますます絶えず燃え上がった。かくてそれは十五年またはそれぐらいの期間ひじょうに激しく続き、一方は他方に冷静に耳を傾けることを欲しなかった。彼らは一度会談(52)を開いたが、たがいに譲らないでなんら一致を見ないで散会した。さらに、彼らはそれぞれすこしも協調しようとしないで、彼らの意見を防衛し反対のものを片っ端から反駁することのほかなにも考えなかった。したがって我々は、ルターは彼の側で、またエコランパディウスとツヴィングリは彼らの側で失敗したと見る。初めから、ルターの役目は教皇主義者たちが考えるような局部的臨在を肯定する意図がなかったことを明らかにすること、さらに[第二に]神のかわりに秘蹟を崇拝させることを欲しなかったことを明確にすることであった。第三にあまりにも荒っぽい理解しにくいそれらの[見解の]比較を差し控え、またはそれらを適当に用い、いかなる躓きも起こさないようにそれらを説明することであった。しかし論争が起こると、彼は限度を超えて意見を陳述し手厳しくひじょうに激しい言葉で相手を咎《とが》めた。(53)彼はその意見を受け入れられるような説明をしないで、異を唱えるものを攻撃するため、いつもの激しさで、とくに彼が語ったことを信じることをあまり快く思わなかったひとびとには、納得しがたい誇張した話し方をした。相手のものもまた罪を犯し、秘蹟におけるイエス・キリストのからだの局部的臨在についての、教皇主義者たちの迷信的また狂信的な意見、またその結果である誤れる崇拝に対して口を極めて非難し追撃した。彼らは良きものを建設するよりむしろ悪しきものを打破することに重点を置いた。というのは彼らは真理を否定しなかったが、必要なことも明白に教えなかったのである。私は言いたい。彼らは、パンとぶどう酒はキリストのからだのしるしであるのでそれらをキリストのからだであり血と呼ぶことを強く主張することをひどく躊躇《ため》らい、それらはしるしであっても、真理はそれらと結合していることを言い足すこと、またこのようにして主はこの秘蹟によって彼のからだと血を我々に与える真の一致を曖昧にする考えのまったくなかったことを明確に主張することを怠った。

それぞれの側は率直に真理を追求するため、たがいに耳を藉《か》し、そこに真理が発見されるのであるが、その忍耐を持たないで失敗したのである。しかしながら、我々はなにが我々の義務であるかを考えることを止めてはならない。義務というのは、主が彼らに与えた恩恵、また主が彼らの手と彼らの手段によって我々に授与された祝福を忘れてはならないことである。もし我々が彼らに負うていることがらを無視し恩知らずになることがないならば、我々は彼らを咎めたり非難したりしないしそれをまたさらに多く許すことができるであろう。要するに、我々は彼らがかつてまたいまもなお聖なる生活をし秀でた知識を持ち、また教会を建てることに異常な熱意を持っているのを見るので、[54] 我々はつねに謙虚に尊敬をもって彼らを判断し語らねばならない。さて我々の神は結局は彼らをかくのごとく謙《へりくだ》らせたのち、この不幸な論争を終結させ、またはそれがまったく解決されるのを期待して、少なくとも、それを沈静させることを喜ぶのである。かくてある一致の条項が定められて発表される信仰告白は、ひじょうに必要であるが、まだ存在しないので、私はこのことを言うのである。[55] しかしこれはそれを作成しなければならないすべてのひとが、一か所に会合することを神が喜ぶときになるであろう。しかしながら教会のあいだに友好と一致が存在し、また神の戒めに従って、協調が必要であるかぎり、すべてのものが合意することで我々は十分としなければならない。したがって我々はすべて、主の命令に従って、信仰において秘蹟を受けるとき、我々はすべて真にイエス・キリストのからだと血の本来の実体の配分に与ることを異口同音に告白する。いかにそのことがなされるか。あるものはそのことをほかのひとびとよりもっと良く推論しまたもっと明快に説明することができるであろう。要するに、一方において、我々はあらゆる肉体的空想を排除するため、心を天に高く上げて、主イエスがある朽つべき要素のなかに閉じ込められるまで低められることを考えてはならない。他方において、この聖なる神秘の効果をすこしも減らさないよう、我々はそれが神の秘密でありまた奇蹟の力によってなされること、また神の聖霊はこれに与る絆《きずな》であり、したがってそれが霊的と呼ばれる理由であることを考えなければならない。

聖遺物について

もしイタリアや、フランス、ドイツ、またその他の王国
また国々に存在する
すべての聖人のからだまた聖遺物の目録を作成するならば、
キリスト教界に戻って来る大いなる利益について
きわめて有益な警告

聖アウグスティヌス(1)は『修道士の労働について(2)』の著述のなかで、当時すでにあちらこちらに殉教者の聖遺物を持ちまわり浅ましい恥知らずな市《いち》を開いている香具師《やし》が存在していることを深く嘆いて、「これらは殉教者の聖遺物であるかどうか分かったものでない」と付け加えている。この言葉によって、彼はそのころからあちらこちらで採集した骨を聖者の遺骨と称して単純なひとびとを信じこませ、悪弊と欺瞞を重ねているものがあったことを意味している。この悪弊の起源はひじょうに古く、したがって長いあいだにひじょうに増加したことは疑いの余地がない。さらに世界はその時から驚くほどに堕落し、つねに悪化の道をたどり、ついに極点に達していることは我々が見るとおりである。

最初の悪習、いわば悪の根源はイエス・キリストをその言葉、その秘蹟、またその精神的恩恵に求めようとしないで、ひとびとが習慣にならってその衣服、その下着、またその布切れの収集に没頭したことであった。したがって彼らは付属品を追求し、肝心なものを疎《おろそ》かにした。使徒、殉教者またほかの聖者についても同様であった。というのは彼らの模範を追い、彼らの生涯を追い慕うことをしないで、彼らの遺骨、肌着、帯、帽子、また同じような詰まらない品々を宝物として珍重し貯蔵することにあらゆる熱意を傾けた。

イエス・キリストの聖遺物を保存することは彼に対して払う尊敬のためであり、また彼の最上の記念のためであると主張するならば、そのことは深い敬虔と熱意の表われであることを私は十分理解する。聖者の聖遺物についても同様である。しかし人間の頭で考え出される神の礼拝はすべて、たといいくらかは知恵の外見があっても、我々の見かけを越えるいっそう立派なまたはるかに確実な根拠がなければ、それほど虚《むな》しいまた愚劣なことはないと、聖パウロが言ったこと(3)を深く考えなければならない。さらに、それから来るであろう利益と危険を対置し吟味しなければならない。そうするならば、このような聖遺物箱を所持することはあまり有益なことではなく、またはまったく不必要で無益であることが見いだされるであろう。そればかりでなく、そこからすこしずつ偶像礼拝に傾いていかないようにすることはひじょうに困難であり、またはまったく不可能であることが見いだされるであろう。なぜならひとはそれらを尊敬しないで、眺めたりまた取り扱ったりすることはありえないし、それらを尊敬するならば、イエス・キリストに対し当然払うべき尊敬をそれらに対して直ちに表わさざるをえなくなるからである。したがって、以上のことを要約して言えば、聖遺物を持ちたいと願う熱望はほとんど迷信にすぎないで、またいっそう悪いことに、それは偶像礼拝を生む母であり、たいていの場合偶像礼拝を伴うということである。

我々の主がモーセのからだを隠したの(4)は、イスラエル民族がそれを礼拝する過誤に陥ることを恐れたためで、そのことはすべてのものが認めている。一人の聖者に対して行なわれたことは、同じ理由によってほかのすべての聖者たちにも拡大してよい。しかし聖者たちのことはしばらく差し置いて、聖パウロがイエス・キリストそのひとについて語ったこと(4)を考えて見よう。というのは彼はキリストが復活されたのち、もはや彼を肉によって認めないことを主張し、イエス・キリストにおける肉に関するすべてを忘れまた退けなければならないこと、したがって彼を霊によって求めまた捉えるため、我々は彼にあらゆる熱意を傾倒しなければならないことをこれらの言葉によって我々に警告しているのである。したがっていま我々の信心を励ますため、キリストについてまた聖者たちについても、なにか記念物を持つことは良いことであると主張するのは、まったく理由のない我々の愚かな欲望を隠蔽するための偽りの口実以外のなにものでもないのではなかろうか。たといこの理由が十分であるように思われても、これは聖霊がパウロの口をとおして語ったことと明白に反するのであるから、我々はさらになにを必要とするのであろうか。

しかし聖遺物を礼拝するためではなく、それらをただ貴重なものとして所蔵することは良いことかまたは悪いことか、この点について長く論議することはまったく必要がない。なぜなら我々がさきに言ったように、経験は一つのことが他のことを伴わないということは殆どありえないからである。コンスタンティヌス(5)［帝］の母、ヘレネ(6)はひじょうな苦労の結果、巨費を投じて我々の主の十字架を手に入れたが、彼女はそこに架けられた主のほか礼拝せず、木を礼拝しなかったと聖アンブロシウス(7)が言っている(8)がそのとおりである。しかしどのようなものであっても、なにかの聖遺物を持つことに熱意を抱き、しかも同時になんらかの迷信に陥ったり、またそれに汚染されないでいることはきわめて珍しい。私はそれによってひとが突如として明白な偶像礼拝に走ることのないことを認めるが、しかしひとはすこしずつ一つの誤謬から他の誤謬に移り、ついに極端に道を踏みはずすことになる。要するに、キリスト教徒であると自認するひとびとでもかつての異邦人がしたと同じように、完全に偶像礼拝をするまでになった。なぜならひとびとは神のまえにおけると同様、聖遺物のまえに平伏《ひれふ》し跪《ひざまず》いたからである。ひとびとは尊敬のしるしとしてそれらに灯火や蠟燭を点して捧げた。ひとびとはそれらに信頼を置き、あたかもそこに神の功徳と恩恵が包容されているかのように、それらに訴えたのである。もし偶像礼拝が神の名誉をよそへ移転するほかのなにものでもないならば、我々は聖遺物をもつことが偶像礼拝でないことを否定することができるのであろうか。またそれはある粗野で愚かな人物、または単純な女の常軌を逸した熱意であったと言い訳してはならない。なぜならそれは教会の政治と指揮をとるひとびとによって承認されている、一般的な無秩序があったからである。また実にひとびとはいと高くいと優れた人物のかわりに、死者の遺骨や他のすべての遺物を大祭壇に安置し、それらをいっそう本当らしく礼拝させた。ひとびとが聖遺物を宝物とし、神からはまったく遠ざかって、朽つべき虚しい品物に興味を持つばかりでなく、ついには憎むべき瀆聖行為によって、ひとびとは生ける唯一の神のかわりに、死せる感覚なき被造物を礼拝したのは、なんという愚劣な好奇心であろう。

しかし悪は決して単独ではなくそれからほかの悪を招くように、この不幸は道理も思考もない下らないものをイエス・キリストまたは聖者たちの聖遺物として受け取り、また世間は盲目も甚だしく、持ち出されたものになにかの名目が与えられると、なんらの判断も調査もしないでそれを承認したことに由来する。かくして、最初に巫山戯《ふざけ》た男が驢馬《ろば》や犬の骨を殉教者の遺骨として持ち出そうと欲すると、ひとびとはやすやすと信心深くそれを承認した。したがってのちに述べるであろうごとく、そのことは他のすべてについても同様であった。私としては、これは神の公正な刑罰であったことを私は疑わない。なぜなら世間は聖遺物に熱狂しそれを邪悪な迷信に悪用したのであるから、神は一つの嘘にさらにもう一つの嘘が加わることを認めたのはまことに当然であった。神は、その栄光が他のところへ移動させられたとき、その名に加えられた侮辱に対して復讐するのが常であった。しかし偽りのまた架空の聖遺物が至るところに多く存在しているのは、世間が欺瞞と嘘を好んで二重にだまされ裏切られていることを神が許しているというだけで、そのことは他の原因に由来しているのではない。聖者たちの死体をかれらの墓に置き、すべての人間はちりでありちりに帰るということの普遍的格言に従うのはキリスト教徒の義務であって、彼らを［最後の］時のまえに復活させ、彼らを華麗と豪奢に高めることはすべきでない。そのことが理解されないで、ひとびとはかえって、反対に、神の命令に叛き、忠信者たちの遺体を最後の日を迎えるため彼らの寝床すなわち憩いの場所に置くべきなのにもかかわらず、彼らを栄光のなかに賛美するため、彼らの遺体を墓から掘り起こした。ひとびとはそれらの遺体を持つことを欲し、そこに彼らの信頼を置いた。ひとびとはそれらを礼拝し、それらにあらゆる尊崇のしるしを与えた。そこからなにが生じたか。悪魔はこのような愚行を見て、ある方法で世間を欺いていることに満足しないで、まったく世俗的なものに聖者の聖遺物の名称を与えるというこの別の欺瞞を持ち出した。そこで神は報復し不信仰者から判断と精神を奪い、その結果彼らは白と黒の区別が不可能になり、彼らに差し出されたものを聖遺物として受け入れたのである。

さて今の私の意図は、まさに今まで行なわれてきた、また現在大部分のキリスト教国に行なわれているような、我々の主イエスや聖者たちの聖遺物を悪用していることがどんなに嫌悪すべきものであるかを論ずることではない。なぜならこの問題をくわしく取り扱うならば、特別に一冊の本を必要とするであろう。しかし至るところに顕示されている大部分の聖遺物は偽物であり、また臆面もなく哀れなひとびとを騙《だま》したペテン師によって持ち出されたものであることは周知であるので、私はすべてのひとにそれについて考えまた反省する機会を与えるため、意見を述べることに決した。なぜなら我々の精神はしばしばなにかに気をとられ、それはなんであるかを検討する余裕がなく、正しい健全な判断を下すことができない。したがって我々は物事を軽率に承認し、間違った情報によって過ちを犯すからである。しかし我々に警告が与えられるならば、我々はそれについて考え始め、またどんなにかくもたやすく軽率にもまったくありそうにないことを信じたかに驚くのである。まさにこのようなことが現在行なわれているのである。というのは警告されないと、すべてのひとは、これはあの聖人の遺体である、これは彼のサンダル、これは彼のズボンであるというのを聞くと、心を奪われそのとおりであると納得する。しかし私がこのような欺瞞を明らかにすれば、わずかの思慮と理性をもっているものならだれでも、そのとき眼を開いていままで考えなかったことがらを検討し始めるであろう。

しかしながら私はこの小冊子において私が欲するところを完全に為し遂げることは不可能である。なぜなら至るところに存在すると言われる聖遺物を比較し、それがどんなものであるかを知るために、あらゆるところから目録を取り寄せる必要があるからである。そうすればすべての使徒は四体以上の遺体を持ち、またすべての聖者は少なくとも二体か三体の遺体を持っていることが認められるであろう。その他のものもすべて同じであろう。要するに、そのような堆積の山ができるならば、かくも馬鹿げた重苦しい冗談が全地を盲目にしているのを見て、驚かされないものは一人もないであろう。私は思うに、ひじょうに小さな司教座教会でも、「聖人の」骨やその他のがらくたを多数持たないのは一つもないのだから、二、三千もある司教区、二、三万もある大修道院、四万以上の修道院、多数の司祭管区教会また礼拝堂からすべての聖遺物を集めるならば、どういうことになるであろうか。しかし主要なことは、それらを注視することであって、単にそれらの名を挙げることではない。なぜならひとはそれらの名を挙げても、それらをことごとく知らないからである。この町[9]に過去において聖アントニウス[10]の腕があったということである。それは聖遺物箱に納められ、ひとはそれに接吻し礼拝した。それが明るいところに持ち出されたとき、それは鹿の陰茎であったことが判明した。その大祭壇に聖ペテロ[11]の脳髄があった。それが箱に納められているあいだ長くその本物であることを疑うものはだれもなかった。なぜならその「聖遺物箱の」説明を信用しないのは冒瀆であったからである。しかしひとが箱を詳細に調べそれを間近に眺めると、それは軽石であったことが発見された。私は類似の多くの例を挙げることができる。しかしこれらは、もしヨーロッパにあるすべての聖遺物が一度あまねくまた十分に検討されるならば、ひとはどれほどの塵芥が発見されるか、理解を得るのに十分であろう、さらに思慮をもって見分けることができるならば。なぜなら若干のひとびとは、聖遺物箱を見ながら、迷信によって瞼を塞がれ、したがって見てもすこしも見ない[12]。すなわち彼らはそれが果たしてなんであるかを注視し、気をつけてあえて目を向けようとしないからである。このようにして聖クラウディウス[13]またはほかのある聖者の完全な遺体を見たことを自慢する若干のひとびとは、それらが果たしてなんであったかを眺めるためあえて眼をあげるこういう大胆さを持たなかった。しかしその秘密を見る自由またそれを暴露する大胆さを持つものは、それについて別のことを語ることができるであろう。マルセイユの近くに顕示される目に練り土または蠟のかたまりをつけたマグダラのマリア[14]の頭についても同様である。ひとはそれをあたかも天から下った神であるかのように宝物にしている。しかしもしひとがそれを検査するならば、そのいんちきであることは明らかにされるであろう。

したがってそれらがいかに偽りであるかを証明するために、あちらこちらで聖遺物と見なされているまったく他愛もないものについて確信を持つこと、または少なくともそれらの登録簿または調査表を持つことが望ましいであろう。しかしこのようなことをするのは不可能なので、私はパリ、トゥールーズ、ランス、ポアティエなど、ただ十ないし十二の町の「聖遺物の」目録を手に入れることを願う。それらのほかになにものも持たなくても、ひとはそこになお素晴らしい兎の飼育場を見るであろうし、[15]または少なくともそこは雑然とした小売店のごときであろう。このようなものの目録を作りたいと思うことは、私がしばしば行なって習慣となった私の念願である。しかしこのことをするのは私にとってひじょうに困難であるので、ついに私は以下のこの簡単な警告を与え眠っているひとびとを覚醒させ、ほんの僅かの部分に文句をつけるならば、全体はどういうことであるかを考えさせることがいっそうよいことであると思った。

顕示されているものの千分の一もない、私が列挙せんとする聖遺物箱のなかに、多くの虚偽が見出されるならば、その他の残りについてひとはどのような評価を与えることができるかを、私は以下に述べようと欲する。そのうえ、ひじょうに確実であると見なされているものが詐欺的手段によって捏造《でつぞう》されたものであることが明瞭となるならば、ひじょうに疑わしいものはどのように考えることができるであろうか。

キリスト教君主たち[16]はそのことをすこしは考えてくれることが望ましい。というのは彼らの義務は彼らの哀れな臣民を、ただに誤れる教義によってばかりでなく、諺にいうように雄羊の膀胱は提灯であることを強く信じこませて、迷わしていることを放置しておくべきではないからである。なぜならもし彼らがそれらを見て沈黙を守るならば、彼らは神に彼らが見ないふりをしていることを釈明しなければならないであろうし、またそれを防ぐことができるときに神が嘲弄されていることを許しておくのは、彼らに対してひじょうに高価に売られた罪であろう。ともあれ、私はこの小論文がすべてのひとに役に立ち、この書の表題がかかげることがらをすべてのひとにそれぞれの立場で考える機会を与えることを希望する。もしひとが世界にあるすべての聖遺物の目録を手にするならば、ひとはいままでどれほどに眼を塞がれていたか、またどのような暗黒と愚劣が全地を支配していたかが明らかに知られるであろう。

したがって我々はイエス・キリストから始めることにしたい。ひとはその自然のからだを保つわけにはいかないので（というのは彼らはその奇蹟のからだを気に入るだけいくらでも何度でも作り上げる方法を見つけた）、この欠陥を埋めるため「自然のからだ」の代りに数多くのがらくたを蒐集《しゅうしゅう》した。彼らはイエス・キリストのからだをまったく見落したのではなく、その僅かの断片を残そうとした。というのはポアティエの司教区のシャルルーの修道院はその歯と毛髪のほかに、その包皮、すなわち割礼のとき切りとった皮膚を秘蔵していることを誇りにしている。この皮膚はどうして彼らのところへ到来したのであろうか。福音書記者聖ルカは明らかに我々の主イエスが割礼を受けたと語っているが、しかしその皮膚を聖遺物として保存するために仕舞って置いたということはどこにも記していない。昔のすべての歴史はそれについてなにも述べていない。また五百年のあいだ、そのことはキリスト教会において全然語られたことがない。それはどこに隠されてあって、突然出現したのか。さらにそれはシャルルーまでどうして飛来したのか。しかも彼らはその本物であることを証明するため、それから血が滴《したた》っていると言う。彼らがこのように言うならば、彼らはそれについて証明の必要があろう。したがってそれは馬鹿げたことでしかないことは明瞭である。しかし仮にイエス・キリスト「のからだ」から切りとった皮膚が保存され、それがあちらこちらに存在するかも知れないということを認めるにしても、ローマのラテラノの聖ヨハネ教会にある包皮について我々はなんと言うべきであろうか。それは一つしか存在しないことは確実である。したがってそれはローマとシャルルーの両方にあるわけにはいかない。したがってそれは明白な偽りである。

つぎは大論争を起こした血である。というのはイエス・キリストの血は奇蹟的でなければ、[19]決して存在するはずはないと若干のひとが言おうとした。それにもかかわらずその自然のものが百以上の場所に存在する。ある場所に、ポアティエのラ・ロシェルのように、ニコデモ[20]がその手袋に集めたそのいく滴かが存在する。別の場所には、マントヴァ、またその他に、ガラスびん一ぱいの血がある。[21]ある場所では、ローマの聖エウスタキウス教会のように、脚付きの杯《さかずき》に一ぱい入っているのもある。さらに彼らは血だけで満足しなかった。イエスが十字架につて突き刺されたとき、その脇腹から［水が］迸《ほとばし》った[22]ように、それに水を混ぜる必要があった。この商品[22]はローマのラテラノの聖ヨハネ教会に存在する。しかしそれはどんな確実さを持つことができるか、私はひとびとの判断にまかせる。また同じく、古代教会には全然その記述が見当たらないのにかかわらず、イエス・キリストの血がその死後七、八百年も経って発見され、全世界に流布しているというのは明白な虚偽でないかどうかも。

つぎは我々の主のからだに触れたもの、またはそのからだのかわりに、彼の思い出のために聖遺物として蒐集《しゅうしゅう》することができたすべてのものである。まず第一にイエスが生まれたとき寝かされた飼葉おけ[23]がローマの大聖母教会にある。またその地の聖パウロ教会には彼が包まれた産着《うぶぎ》がある。もっともスペインの聖サルバドル教会[24]にはその切れ端がある。またイエスの揺り籠が、その母なる童貞マリアが彼に着せた下着とともにローマにある。さらに、ローマの聖ヤコブ教会に、イエスが神殿において奉献されたときに置かれてあった祭壇がある。(25) あたかもそのときいくつかの祭壇が存在したかのように、ローマの教会はそれを欲するだけ作った。このようにそこに彼らは臆面もなく嘘をついているのである。これらはイエスの幼年時代のものである。彼らはイエス・キリストの死後長くたって、どのようにしてすべてのこれらの物品を発見したのか、それを多く語る必要はない。というのはこんな馬鹿げたことが分からないほど判断力の鈍いひとは一人もいないからである。福音書の物語のどこにもこれらのことについて一言《こと》も述べていない。使徒の時代でもこれらのことについて語られたのを聞いたことがない。イエス・キリストの死後、約五十年経って、エルサレムは攻略され滅びた。(26) それ以来古代の多くの博士たちは彼らの時代に存在したもの、とくにヘレネが発見したという十字架と釘のことを書き記した。しかしこれらのくだらない取るに足りない物について彼らは無言のままである。それればかりでなく、聖グレゴリウス(27)の時代でさえ、彼の著作で分かるように、すべてこれらはローマにまったく存在しなかったことがすこしも問題になっていない。彼の死後、ローマは何度も占領され略奪されほとんど完全に廃墟に帰した。すべてこれらを考慮するならば、これらの聖遺物は単純なひとびとを騙《だま》すために捏造《でつぞう》されたものであるとしか、他になにをいうことができるであろうか。実際、偽善者どもはこれらをひとびとを信仰に導くためのピアース・フラウデース、すなわち、正直なごまかしと称して、司祭たちも修道士たちもそのとおりであることを告白しているのである。

つぎにイエス・キリストの幼年時代とその死に至るまでのあいだの聖遺物が存在する。そのなかにイエスが神殿で議論をした(28)ときに凭《もた》れた柱が、ソロモンの神殿の他の類似の十一本の柱とともに存在する。イエス・キリストが柱の一本に寄り掛かったとだれが彼らに教えたのか。なぜなら福音書記者はこの議論の話を語っているが、柱についてはなにも言い及んでいない。さらにそのころイエスは明らかになんらの名声も権威もなかったのに、説教者に対するように彼に議論の機会が与えられたということはありそうにない。さらに彼が一本の柱に寄り掛かったとしても、どうして彼らはこれがそれであったことを知ったのであろうか。第三に、彼らはソロモンの神殿に属したというこれら十二本の柱を果たしてそこから持って来たのだろうか。

つぎに、イエス・キリストがガリラヤのカナの婚礼においてぶどう酒に変えた(29)水が入っていたヒュドリア(30)と称する瓶《びん》がある。それらがそこに譲渡されるまで、それらをだれが保管したのかを私は知りたい。なぜならこの奇蹟が行なわれてから八百年または千年後にようやくこれらが発見されたということを我々はたえず注意しなければならない。私はそれらが顕示される場所をことごとく知らない。しかしそれらはピサ、ラヴェンナ、クリュニイ、アンジェ、スペインの聖サルバドル教会にあることを私は知っている。しかしそれらについて長話をしなくても、一見してそれらが虚偽であることを彼らに納得させることは容易である。なぜならそのあるものは一ぱい注いでも五カルト[31]以上のぶどう酒を入れることはできない。ほかのものはそれ以下。またほかのものは約一ミュイ[32]を入れる。できるならばこれらの矛盾を一致させるとよい。そのとき私はそれについて彼らとの論争を止めて、彼らに彼らのヒュドリアを持たせておくであろう。彼らはただ容器だけで満足しないで、同時にそれらの飲み物までも持ちたいと考えた。彼らはオルレアンにアルキトリクリノスと称するぶどう酒を持つと言う。というのは聖ヨハネはこの奇蹟を述べて、料理頭の意のアルキトリクリノス[33]について語っているので、彼らはこれが花婿の本来の名であったと思い、こういう馬鹿げたことで民衆を愚弄しているのである。かつてのある年に、献金を持って来ることを欲するひとびとに、彼らは小さなスプーンの先を舐《な》めさせ、我々の主が婚宴で与えたぶどう酒を飲ませると言った。しかし杯をいくら満たしてもぶどう酒の量は一向減らないのである。ローマのサンクタ・サンクトールムと呼ばれる礼拝堂にあるといわれるイエスの靴はどれほどの大きさであるか、それをイエスが幼少時代に履《は》いたのかまたはすでに成人してから履いたのか私は知らない。しかしどのように言われても、同じようなものである。というのは私がすでに語ったことは、イエス・キリストの靴をいまになって造るのはいかにもひどい恥知らずであることを十分に証明するからである。使徒たちでさえ当時は靴を持たなかったのである。

イエス・キリストが使徒たちとともにした最後の晩餐[34]に付随するものに移ることにしよう。そのときの食卓がローマのラテラノの聖ヨハネ教会にある。そのときのパンがスペインの聖サルバドルにある。過ぎ越しの小羊[35]を料理したナイフがトリーアにある。イエス・キリストが晩餐をともに食したとき、彼が借りた場所にいたことは確かである。彼は食卓を離れてそこから出て行った。我々はそれが使徒たちによって運び出されたということを読んだことがない。その後しばらくたってエルサレムが滅亡したことはすでに述べたとおりである。この食卓が七、八百年たって発見されるということにどれほどの真実らしさがあるだろうか。さらに当時の食卓の形は今日のそれとはまったく違っていた。というのは当時のひとは腰掛けて食事をしたのではなく、横に臥《ふ》して食事をしたのである。そのことは福音書に明らかに述べている[36]。したがってそれが虚偽であることはあまりにも明白である。これ以上なにが必要であろうか。イエスが使徒たちに彼の血の秘蹟を与えた杯がリヨン付近のノートル・ダム・ド・リール教会と、アルビジョア地方のアウグスティヌス会のいくつかの修道院にある。ひとはそのどれを信ずべきであろうか。さらに過ぎ越しの小羊をのせた皿はいっそう悪い。なぜならそれはローマ、ジェノア、アルルにもあるからである。その時の習慣は今日の我々のそれと違っていたと言わねばならぬ。というのは今日一つの皿にいろいろの料理が盛られるのに、そのときは一つの料理ごとに皿が変えられた。まことにこれらの聖遺物は信じられるであろうか。ひとはこれ以上明白な虚偽を望むのであろうか。同様にイエス・キリストが使徒たちの足を洗ったあと、足を拭った布(37)がある。それは一つはローマのラテラノの聖ヨハネ教会に、もう一つはドイツのアーヘンの聖コルネリウス教会にあって、ユダの足形もある。どちらも偽りであるに違いない。我々はそれをどのように判断すべきであろうか。そのどちらが事実であるかが証拠だてられるまで、彼らのあいだでたがいに議論をさせておこう。しかしイエス・キリストが晩餐をともにした家に残した布が、エルサレムが滅亡して五、六百年を経て、イタリアまたはドイツに飛来したと信じさせようとするのは欺瞞でしかないと我々は考えたい。

荒野で五千人のひとが奇蹟的に食事をしたときのパンの一片(38)がローマの新マリア教会に、また小片がスペインの聖サルバドル教会に顕示されていることを私は忘れていた。荒野で神がイスラエルの民を養ったことを記念するため、いくつかのマナが保存されたということは聖書に語られている(39)。しかし五つのパンの残りについて、福音書はそのような目的で保存されたとは全然語っていないし、またいかなる昔の歴史も、いかなる博士たちもそれについてなにも語っていない。したがっていま顕示されているのは、それ以後に作られたものであることは容易に判断される。スペインの聖サルバドル教会にある枝も同様に判断すべきである。なぜならイエス・キリストが棕櫚の日にエルサレムに入城したとき、彼が手に持っていたのがそれであると、彼らは言っているからである。しかし福音書(40)には彼は枝を手に持っていたとは語っていない。

したがってこれは大いに問題である。さらに同じくそこに顕示されているもう一つ別の聖遺物をこの同類に加えなければならない。それはイエス・キリストがラザロを復活させたとき[41]、彼が足をおいたところの土である。ユダヤの国をまったく変化させたエルサレムの陥落後、イエス・キリストがかつて歩いた場所へ行くことができて、その地点にだれがはっきりしるしをつけたのか教えてもらいたい。

さて我々の主の主要な聖遺物に入らねばならない。それは彼の死と受難に関係するものである。第一に我々は彼が架けられた十字架[42]について語らねばならない。ローマ皇帝、コンスタンティヌスの母、ヘレネによってその十字架が発見されたことは確実であるとされていることを私は知っている。私はまた彼女が発見した十字架はイエス・キリストが架けられたものであったことは疑いないことを証明するため、それを承認するある昔の博士たちが書いている[43]ことも知っている。私はそのすべてを信じられるままに委ねる。もっともそれはその十字架に対する馬鹿げた好奇心であり、または愚かにして無分別な信心であった。しかしなお、彼女が真の十字架を探し出すために苦労したのは称賛すべき事業であり、そのとき我々の主が彼女の発見した十字架は真の十字架であると奇蹟によって宣言した事情を取り上げよう。ただそれが我々の時代に属するものだけを検討しよう。ヘレネが発見したこの十字架はまだエルサレムに存在するといわれる。教会史はそれと明らかに矛盾するのだが、そのことについて疑うものはだれもいない。というのはそこにヘレネはその一部を取って息子の皇帝に贈り、皇帝はそれをコンスタンティノープルの市場のまんなかにある斑岩《はんがん》の柱のうえに置いたと言っているからである。別の部分を彼女は銀の容器に納め、それをエルサレムの司教に保管させたと言うことである。したがって我々はその虚偽の物語を非難するであろうし、または今日真の十字架と見なされるのは根拠のない取るに足りない意見である。さて他方で、その断片が世界中にどれほど存在するかを考えて見よう。もし私がそれらを列挙することを欲するならば、一冊の本をすっかり埋め尽くすほどの目録ができるであろう。司教座教会ばかりでなく、いくつかの司祭の管区教会でも、それが存在しない小さな町はない。同様に、それが見られない貧弱な修道院もない。またいくつかの場所には、パリのサント・シャペル教会、ポアティエに、またローマのようにひじょうにその大きな破片がある。ローマにはそれから造ったといわれるかなり大きなキリストの十字架像がある。要するに、もしそれらをことごとく寄せ集めるならば、それらはひじょうに大きな船の積荷になるはずである。福音書は十字架はただ一人のひとによって担がれたと証明している。(44) したがって三百人の男がかかっても運ぶことができないほどの大量の木片で地上を満たすというのはなんというずうずうしさであろうか。また事実、それをいくらか切り取っても、すこしも減らないというこの口実を彼らは作りだした。しかしそれはあまりにも馬鹿げた耐えがたいでたらめであることを迷信家でさえ分かっている。したがって私はあちらこちらで崇敬されているすべての真の十字架というものがどんな確実さを持っているかは想像にまかす。私はいくつかの断片がどこからまたどんな方法で持って来たかは言うままにしておく。たとえば彼らの所有するあるものは天使たちによって彼らのところへ運ばれて来たと言い、ほかのものは天上から彼らのところに落ちてきたと言う。ポアティエのひとびとは、それはヘレネの小間使が盗み出し、逃れて道に迷いポアトゥ付近に持ってきたのだと語っている。彼らはこの根も葉もない話に付け加え、彼女は足なえであったとしている。これが哀れなひとびとに偶像崇拝を説き勧める彼らの立派な根拠である。なぜなら彼らは十字架の木のかわりにありふれた木を顕示し、素朴なひとびとを籠絡し裏切るだけで満足しないで、それを崇敬させなければならないと決心した。それは悪魔の教養である。また聖アンブロシウスはそれを異教徒の迷信であるととくに非難している。(45)

十字架のつぎは、ピラトが「ユダヤ人の王、ナザレのイエス」と書いて十字架の上にかけさせた罪状書き(46)である。しかしそれはどこで、いつ、どうして、発見されたかを知らなければならない。それについて教会史家ソクラテス(47)が記述しているとだれかが私に語った。私はそれを認める。しかし彼はそれがどうなったかはなにも語っていない。したがってこの証言に大した価値はない。さらにこれはイエス・キリストが十字架にかけられたあとで、急いで即座に書いた文字である。しかるに顕示するためのように、達筆で書いた札を顕示するというのはまったく不条理である。したがってそれがただ一つしかないときでも、ひとはそれは虚偽であり作りものであると見なすことができるであろう。しかしトゥールーズの町がそれを持っていることを誇っているが、それに反対してローマのひとびとはそれを聖十字架教会に顕示し、彼らはたがいに相手のものを否認してゆずらない。したがって彼らの欲するだけ彼らのあいだで争ってもらいたい。もしひとがそれをくわしく調査しようとするならば、ついにはどちらも虚偽であることが確認されるであろう。

さらに［十字架の］釘についていっそう激しい闘争がある。私は私の知るかぎりを語るであろう。そのことについて悪魔がいかにはなはだしく世間のひとを嘲り、思慮と理性を奪い去り、なんらの識別もできなくしてしまっていることは、幼児ですら判断できるであろう。もし昔の著述家たち、とくに古代教会史家テオドレトス(48)の言うことが正しいならば、ヘレネはその釘の一本を彼女の息子の兜《かぶと》に嵌《は》め込《こ》ませ、ほかの二本を彼の馬の轡《くつわ》につけた。しかし聖アンブロシウスはそのようにはまったく語っていない(49)。なぜなら彼は一本はコンスタンティヌスの王冠につけ、一本は彼の馬の轡になったが、三本目はヘレネが保存したと述べている。我々はこれらの釘がどうなったかということについて異論がすでに千二百年以上も昔にあったことを、我々は知っている。したがって現在それはどれほどの確実性を持っているのであろうか。さてミラノは、コンスタンティヌスの馬の轡につけた釘を持っていることを誇っている。これに対してカルパントラの町もその釘を持っていると言っている。ところが聖アンブロシウスはその釘は轡に固定されたとは言わないで、轡が釘で作られたと言っている。このことはすなわちミラノのひとびととカルパントラのひとびとが言っていることは全然一致しない。さらにその釘はローマの聖ヘレナ教会に一本、その地の聖十字架教会にもう一本ある。シエンナにも一本、ヴェネツィアにも一本ある。ドイツには二本、すなわちケルンの三《トロワ》マリア教会に一本、トリーアにも一本ある。フランスにはパリのサント・シャペル教会に一本、カルメル会にも一本、イル・ド・フランスのサン・ドニ教会にも一本、ブールジュにも一本、トナイユにも一本、ドラギニャンにも一本ある。したがって全部で十四本である。それぞれのところは自分のところに十分な証拠があると確信している。それぞれは他と同じように正当な権利をもつ。しかし、それらのすべては同じであるとする以外に最良の解釈の方法はない。すなわちそれについて言われているすべては虚偽にすぎないとすることである。さもなければそれに解決を与えることは到底できない。

つぎは一本しかありえない槍の穂(50)である。したがってそれはある錬金術師の炉を通したとでも言わねばならない。というのはそれが四本に増加しているからである。それらのほかにもあちらこちらに存在するかも知れないが、私はそれについての噂を聞かなかった。その一本はローマに、一本はパリのサント・シャペル教会に、三本目がサントンジュのトナイユの修道院に、四本目がボルドー近郊のソーヴにある。いまそのうちのどれを本物として選ぶことができるであろうか。したがって、手っ取り早いのは、それらの四つのすべてをそのまま捨てておくことである。なお私はそれが一本しかない場合は、それがどこから出たかを熱心に知りたいと願う。なぜなら古代の歴史家も、または他のいかなる書物も、それについてなにも記述していないからである。したがってそれらは新しく鍛えられたものでなければならない。

いばらの冠(51)については、その小枝を植え直して緑を取り戻させたと言わなければならない。そうでなければどうしてそれをこのように増加することができたのか私には分からない。同じ一つがパリのサント・シャペル教会にその三分の一ほどの部分がある。ローマの聖十字架教会にはその三本のいばらがある。ローマの聖エウスタキウス教会にもいくらかの部分がある。シエンナにはどれだけのいばらがあるか私は知らない。ヴァンサンスに一本、ブールジュに五本、ブザンソンの聖ヨハネ教会に三本、モン・ロアヤルに三本ある。スペインの聖サルバドル教会にどれだけあるか知らない。ガリスのサン・ジャーク(52)に二本、アルルに三本、トゥールーズ、マコン、ポアトゥーのシャルルー、クレリ、サン・フルール、プロヴァンスのサン・マクシマン、ラサルの修道院、ノアヨンのサン・マルタン聖堂区教会、以上のすべての場所に一本ずつある。もし熱心に調査すれば、さらに以上の四倍もその場所の名を挙げることができるであろう。いうまでもなく虚偽であることは明らかである。したがってどれもこれもどのような信頼を置くことができるであろうか。それとともにすべての古代の教会はこの冠がどうなったかを語ることができなかったことに注意を払うべきである。したがって最初の植物が、我々の主イエス・キリストの受難のはるかのちに、ひこばえを生じたと結論を下さざるをえない。

つぎは緋《ひ》の上衣《ローブ》で、ピラトが我々の主を嘲弄し王と呼んで主に着せかけたものである(53)。ところで貴重な上衣は惜しげもなく棄ててしまってよい性質のものではない。したがってピラトまたはその家来が我々の主を一度愚弄したあと、それを棄てて失われるままにしたとは思えない。それをピラトから買い取り、聖遺物として所持した商人がだれであったかを私は知りたい。彼らはそれがでたらめであることを隠すため、それに数滴の血をつけ、あたかもかの悪人どもが王の上衣をイエス・キリストを嘲ってその肩にかけ、それを汚したかのようである。それがほかになおいくつ存在するのか私は知らない。しかしその上衣は上から下まで縫い目なしに織られ、くじ引きにされた(54)ので、素朴なひとびとの信心を昂揚するにふさわしいと思われ、そのいくつかが存在した。したがってパリ近くのアルジャントゥイユに一枚、トリーアにも一枚ある。そしてもしスペインの聖サルバドル教会にある教皇勅書が真実であるなら、キリスト教徒は軽率な熱心によって、かの不信心な兵士たちが犯したよりさらにひどい罪を犯した。なぜならかの兵士たちは上衣をあえて小さく切らないで、大切に保存するためくじを引いたからである。それなのにキリスト教徒たちは、それを崇敬のため小さく切った。ところがそれを持っていると言うキリスト教徒の愚かさを嘲笑するトルコ人に対して、彼らはなんと答えるであろうか。しかしトルコ人に対して彼らを弁護する必要はない。彼らは彼らのあいだで彼らの争いを解決すれば十分である。ところで我々はどちらも信用できないと言うことが許されるであろう。というのは事情を承知しないでは、一方を他方より好意を持つことを恐れるからである。なぜならそれはまったく正しくないからである。そればかりでなく、もし彼らが彼らの言葉を信用することを望むならば、彼らはまず福音書記者たちと一致することが必要である。実際にはくじを引いたこの上衣はギリシア人がキトーン[55]、ローマ人がトゥニカ[56]と呼んだマント、または外套であった。これとアルジャントゥイユの上衣、またはトリーアのそれがよく似た形であるかどうかを較べて見れば、どちらもひだのついた司祭服[57]のようなものであることが判明するであろう[58]。したがって彼らはひとびとの目を暗ましていても、手で触って見れば、ひとはそれらが虚偽であることを認めるであろう。この問題に結末をつけるため、私はあえて簡単な質問をしたい。聖書の証言[59]によれば、兵士たちは彼らのあいだでイエス・キリストの着衣を分け合ったが、それは彼らの利益のために配分したことは確かである。ローマの聖エウスタキウス教会その他、各所に顕示されている上衣その他の衣類を兵士たちから買い戻したキリスト教徒はだれであったか。それを彼らは私に答えることができるであろうか。このことを福音書記者たちはどうして書き忘れたのであろうか。それを聖遺物にするため兵士の手から買い取ったと書き添えないで、ただ兵士たちがイエスの着衣をすっかり取ったというのは理解しがたい。さらに古来の著述家たちがそのことについて沈黙しているのはなんという不親切なことであろう。ひとびとがもはや判断の感覚も理性も持たないならば、私は彼らにこの問題について彼らが私に答えるべき期限を定める。(60) もっとも都合がよいのは、彼らは上衣とともに兵士たちがくじに用いたという賽子《さいころ》をも持つことを欲したことである。その一個がトリーアに、またほかの二個がスペインの聖サルバドル教会に存在する。彼らは無邪気にもその妄晦さを露呈した。というのは福音書記者たちは兵士たちがくじを引いたと言っているが、(61) それは帽子や鉢から取り出すくじで、「公現祭の」菓子の王様を作るとき、(62) またはビアンク遊び(63)をするときに使うものであった。要するに、それは分け前を引き当てることであったことが知られる。これはふつうなにかを分配するときに使われる。しかし獣たち(64)はくじを賽子遊びであると想像した。ところがそれは当時の習慣になかった。少なくとも今日我々が使用するようなものではなかった。というのは彼らは六と一またその他の目の代りにある記号を用いウェヌスとか犬とかそれぞれの名で呼んでいた。いまは大嘘つきどもを信用して彼らに対してこの聖遺物に接吻をさせておこう。

さて骸布を取り扱うときになった。彼らはそれによって彼らの破廉恥と愚行をなおいっそう露呈した。なぜならローマの聖ペテロ教会に顕示されているウェロニカの骸布(65)のほかに、ラテラノの聖ヨハネ教会に顕示されている童貞マリアが、彼らの言うところによれば、我々の主の恥部を隠した被いがある。これはまたカルカッソンヌのアウグスティヌス会修道院にもある。同じく、そこに墓において主の頭を包んだ布も顕示されている。少なくとも半ダースの町が骸布を完全に持っていると自慢している。そのうちニースにあるそれはシャンベリから移された。同じく、ドイツのアーヘンにも、同じくトレクト(66)にも、同じくブザンソンにも、同じくリムザンのカドアンにも、同じくオソア(67)との境にあるロレーヌのある町にもある。スペインの聖サルバドル教会やアルビのアウグスティヌス会修道院にあるような、あちらこちらの小片については述べない。さらに私は教皇がきびしく顕示を禁じているというので、ローマの女子修道院にある完全な骸布は取り上げない。莫大な費用となみなみならぬ努力を払って遠く百リュー(68)または百二十リューを歩いて、なんの証拠もないむしろ疑わざるを得ないような布切れを見に行くことにひとびとはあまりにも熱中しなかったか、を尋ねる。なぜならある場所にある骸布を本物と思うものはすべて、それを持っていると自慢するほかのひとびとをすべて偽造者であると非難するからである。たとえば、シャンベリにある布が真正の骸布であると信じるものは、ブザンソン、アーヘン、カドアン、トリーア(69)、ローマのひとびとを虚言者であると非難し、世俗の有り触れた布を贖い主が包まれた骸布であると信じさせて民衆を誑《たぶら》かし、悪意をもって偶像崇拝を行なわせているとする。さて「この問題について」福音書に注意を向けよう。なぜなら彼らがたがいに矛盾していることはあまり重要でなく、聖霊はそのすべてを否認し、そのすべてを同様に非難するからである。まずふしぎなことに、福音書記者たちはイエス・キリストの顔を被り物で拭ったというウェロニカについてはなにも述べていない。もっとも十字架のところへイエス・キリストに従って行った女たち[70]については語っている。イエス・キリストの顔がふしぎなことに布に写ったというのは異常なことで記録に値することである。反対に、数人の女たちがいかなる奇蹟も見ないで十字架のところまでイエス・キリストに従って行ったということはとりわけ大したことではないようである。ところが福音書記者たちはどうして取るに足りないまたそんなに重要でもないことがらを語っているのであろうか。確かにもしこのような奇蹟が、信じられているように、起こったとするならば、我々は語っておくにもっともふさわしいのにこれを取り上げなかった聖霊の忘却と疎漏を咎めなければならないであろう。彼らが納得させようとすることがいかに明白な虚偽であるかをひとびとに認めさせるためには、彼らのウェロニカは好適である。主のからだを包んだ骸布について、私は同じような質問を彼らに対してする。福音書記者たちはイエス・キリストの死のときに起こった奇蹟を注意深く語って、歴史に属する事柄はなに一つ洩らしていない。しかるにかくも素晴らしい奇蹟について、彼らは一言も触れないで見逃したというのはどうしてであろうか。それは我々の主イエスの人形《ひとがた》が彼を包んだ骸布に残ったということである。そのことは他の多くの事柄のように語るに値するのである。聖ヨハネでさえイエスの墓のなかに入ったとき、イエスを包んでいた骸布があちらこちらに包んであるのを見たと明言する。(71) しかしそれに奇蹟的に人形《ひとがた》がついていたことについて彼はなにも語っていない。もしそこに何かがあったなら、彼らはこのような神の業を握りつぶしたとは考えられない。さらに不審にたえないもう一つの別の疑惑がある。福音書記者たちはいかなる弟子たちもいかなる忠信な女たちも問題の骸布を墓の外へ持ち出したとは決して言っていないのである。彼らはそういうことを語っていないし、むしろ彼らは骸布を墓のなかに残したことを認めている。ところが墓は兵士たちによって警備されていたので、骸布はその後は彼らの支配下に置かれた。兵士たちはそれを聖遺物にするためある信者に与えたとでも推定されるのであろうか。それともパリサイ人(72)が兵士たちを買収し、主の弟子たちがイエスの遺体を盗み出したのだという偽りの証言をするためであろうか。私は彼らが顕示している人形《ひとがた》をよく見て、彼らにその虚偽を悟らせることにしよう。というのはこれはひとの手で描いた人形であることが容易に分かるからである。第一、ひとを騙す巧妙な才気を彼らが持っていないことは彼らがいかに愚鈍であったか、またさらに世間が非常に明瞭である事がすこしも見えないほど目を暗まされたままになっていたことに、私はまったく驚きを禁じえない。なおまた彼らは欲しいときにいつでも使える画家を持っていたようである。なぜなら骸布が火事で焼けると翌日にはかならず新しい骸布が見いだされたからである。それは焼失前のものにそっくりで、奇蹟的に火災を免れたと言われた。しかし物を見分けることのできる目があるならば、骸布の絵はひじょうに新鮮で欺瞞であることは弁明の余地がない。ついに決定的な理由があって彼らはその破廉恥であることが完全に納得させられる。彼らが聖骸布を持つと言っているところはどこでも、頭を含めて全身をすっかり覆われるほどの大きな骸布を顕示し、そこに全身の姿が見られるのである。ところで、イエス・キリストはユダヤ人の方法で埋葬されたと福音書記者聖ヨハネは述べている(73)。この方法がどういうものであったかは、ユダヤ人が今日もなお守っている習慣であったばかりでなく、また古代の慣例を教える書物からも理解できる。これはからだを肩まで別に包み、つぎに頭を被り物で包みその四隅を一つに結ぶのである。聖ペテロは一方にからだを包んだ布、他方に頭を包んだ布切れを見たと福音書記者が語っている(74)のはこのことである。というのは布切れという語(75)はハンケチまたは被り物のことであり、全身を包む大きな布ではない。簡単に結論をいえば、福音書記者聖ヨハネは虚言者であるか、さもなければ聖骸布を持っていることを自慢するすべてのひとびとはその偽りであることを知りながら、まったく恥ずかしげもなく哀れなひとびとを誘惑してきたことをはっきり分からせるかのどちらかである。

もし私が彼らの用いるあらゆる怪しげなものを詳細に追求することを欲しても、それは決して果たされることではないであろう。ローマのラテラノの聖ヨハネ教会にはピラトの家でイエスが嘲弄され打たれたとき、王杖として彼の手に持たせた葦の棒(76)が顕示されている。さらにその地の聖十字架教会には、イエスの口に差し出した苦味と没薬を含んだ海綿(77)が顕示されている。それらはどこで発見されたのであろうか。それらを手にしていたのは信仰のないものであった。彼らはそれらを聖遺物として使徒たちに与えたのであろうか。彼ら自身は将来を予期してそれらを大切に保存したのであろうか。かくて平然として作り上げた拵え事《こしらごと》を援護するため、このようにイエス・キリストの名を悪用することはなんという冒瀆行為なのであろう。ユダが我々の主を裏切って受け取った銀貨についても同様である。彼はそれをパリサイ人のシナゴーグ(78)に返却し、またそれで外国人を埋葬するための畑が買われたと福音書に書いてある。(79)だれがこの銀貨を商人の手から取り戻したのか。もし彼が主の弟子たちであったと言うのなら、これはあまりにも馬鹿げている。もっとよい口実を探すべきである。もしこれが後年に行なわれたと言うのであれば、銀貨は多くのひとの手を経てきたはずであってなおさら確かなものではない。したがってパリサイ人が墓地を作るため、その持ち地を売った商人は聖遺物にする目的で銀貨を買い戻し、それを再び信者に売るためにこのようなことをしたということを明らかにしなければならない。しかしこれについて古代の教会にはまったく情報がない。ローマのラテラノの聖ヨハネ教会にあるピラトの法廷の階段(80)も同じように拵え事である。そこにくぼみがあって、それは我々の主のからだから数滴の血が落ちたところであると彼らは言っている。同じように、その地の聖プラクセデス教会にイエスが笞刑を受けた(81)ときに縛られた柱がある。またその地の聖十字架教会に、彼が刑場に行くときに、その周囲を引きまわされた別の三本の柱がある。彼らはこれらのすべての柱をどうして思い付いたのか私は知らない。要するに彼らは彼ら特有の幻想によってそれらを想像したのである。なぜなら我々は福音の歴史のどこにもそのようなことをまったく読まないからである。たしかにイエス・キリストは笞で打たれたと言われる。しかし柱に縛られたというのは彼らの注釈である。したがって彼らは虚偽を海の波のように寄せ集めることのほか、他にはなにものも欲しなかったことは明らかである。しかも彼らは我々の主が乗った驢馬(82)の尻尾の遺物を作り出すことを、すこしも恥としなかったことを黙許したのである。それを彼らはジェノアに顕示している。このように馬鹿げたことを信じ込んだひとびとの暗愚と愚昧もさることながら、我々は彼らの破廉恥に驚くほかない。

それらはどこから来たか、また同時に彼らはどのような経路でそれらを持つようになったのかを説明することができないならば、我々がすでに挙げた顕示されている遺物のすべては真実らしくないと、いまにだれかが反論するであろう。これについて私は一言であまりにも明白な虚偽を尤もらしく主張することは不可能であると答えるであろう。なぜならそれらがコンスタンティヌス(83)、またはルイ王(84)、またはある教皇の名を利用しても、イエス・キリストは十四本の釘を打たれて磔になったとか、または彼のいばらの冠を編むため生垣全体を使ったとか、または槍の穂はその後ほかに三本の穂を生じたとか、または彼の上衣が三枚に増えたのでそれをミサの祭服に仕立て直したとか、または一羽の雌鶏から雛がかえるようにただ一枚の骸布から数枚ができたとか、またイエス・キリストは福音書の認めないまったく別な方法で埋葬されたと言うようなことを証明する役には立たないのである。もし私が一かたまりの鉛を指して、この金貨はさる君主から私に賜わったものであると言えば、私は正気でない狂人と見なされ、私がなにを言っても、この鉛は金になることもその色や性質が変わることもないであろう。そのようにこれこそゴドフロア・ド・ブイヨン(85)がユダヤの国を征服してその地からこちらへ送って来たものであると言われると、これは虚偽でしかないことを理性が我々に教えるのであるが、我々が目で見ることを考えに入れないで、そういう言葉を我々は罷り通しておかねばならないのであろうか。しかしなお、彼らの聖遺物の確証として彼らの言う事柄のすべてを信用するにはどれほど確かさが存在するかを知るため、ローマにある主要なまたひじょうに権威のある聖遺物は彼らが言うとおりティトゥス(86)やウェスパシアヌス(87)によって運ばれてきたと言うことに注意を払わねばならない。ところが、それはあたかもトルコ皇帝がコンスタンティノープルに持って来るため、エルサレムへ真の十字架を探しに行ったかのごとく言うのと同じくまったくのでたらめである。ウェスパシアヌスは皇帝に即位するまえ、ユダヤの一部を征服、荒廃させた。彼が帝国に君臨したとき、彼の子ティトゥスは副官に任ぜられ、エルサレムの町を占領した。さて彼らは異教徒であったので、彼らにはイエス・キリストはかつて存在しなかったかのように関心はなかった。かくて彼らはウェスパシアヌスを持ち出したように、ゴドフロア・ド・ブイヨンまたは聖ルイ王を持ち出して、同じように明らかに真実を裏切ることを敢えてしなかったかどうか、ひとは判断することができるのである。さらに、聖ルイと呼ばれる王やその他同じようなひとびとはどんな判断をしたかが考えられる。彼らにはキリスト教を拡大する信仰と熱意があった。しかしもしひとが彼らに山羊の糞を見せ、これは我々の童貞マリアのじゅずであると言うと、彼らはそれらを異議なく礼拝し、またはこちらへ船で運びある場所に顕示し崇敬したであろう。実際、彼らは彼らのからだと財産、またさらに彼らの国の資力の大部分を費消し、得体の知れない多数のこまごましたがらくたを世のきわめて貴重な宝石であると考え、それらを運んで来てひとびとを誘惑した。さらにそのことを詳しく知るため、ギリシア、小アシア、また今日俗にインドの国と呼ばれるマウレタニア[88]のいたるところで、哀れな偶像崇拝者たちが我々の周囲にあると考えるこれらすべての古びた物をひじょうな自信をもって顕示していることに注目しなければならない。それぞれをいかに判断すべきであるか。聖遺物はそれらの国々から運ばれて来たとひとは言うであろう。そこに住むキリスト教徒は彼らもそれらをなお持っていることを確信し、我々の分別のない自慢を嘲る。調査しないでどうしてこの争いを終結させることができるであろうか。ところがそういう調査をすることはできないし、またのちもそれをすることは不可能であろう。したがって唯一の解決策は事柄をそのまま《イン・スタトゥ・クオ》放って置いて、どれもこれも気にかけないことである。

イエス・キリストに属する最後の聖遺物は、彼の復活ののちに起こった事件に関するもので、それは彼が［ティベリア］湖畔で聖ペテロに現われたとき[89]、聖ペテロが彼に差し上げた焼き魚の一片である。それは香料が十分に利かされてあって、または長期間にわたって保存できるように入念に塩の処理がなされていると言わねばならない。しかし、冗談はやめて、使徒たちは彼らの食事のために調理した魚を聖遺物にしたなど考えられるのであろうか。これは明らかに神を愚弄するものではないと見るものはだれでも、これ以上話を続けるには値しない獣であるとして私は彼らを見捨てることにする。

また多くの聖体のパンから迸り出た奇蹟の血がパリのサン・ジャン・ド・グレーヴ教会、サン・ジャン・ダンジェリ教会、ディジョンその他多くの場所にある。彼らはさらに多くの聖遺物を作るため聖なるナイフを追加した。そのナイフはあるユダヤ人がパリの聖体のパンを突き刺したものである。哀れな狂ったパリのひとびとは聖体のパン以上にそれに深い尊敬を払っている。わがドゥ・ケルキュ博士[90]はそれにがまんができなくて、彼らがイエス・キリストの尊いからだを損傷した道具であるナイフを崇敬するかぎり、彼らはユダヤ人よりいっそう下劣であると非難した。私がこれを引き合いに出すのは、［イエスの死に関係する］槍、釘、いばらの冠について言えるように、それらが尊敬されているからであって、ドゥ・ケルキュ博士の判定によれば、それらを崇敬するものはすべて我々の主を十字架に付けたユダヤ人よりいっそう悪質である。

同じように、キリストが昇天したあと数人に現われて歩いた足跡があって、その一つがローマの聖ラウレンティウス教会に顕示されている。彼はそのところでペテロに出会い、ペテロにローマで苦難を受けることを預言したというのである。もう一つはポアティエのサント・ラドゴンド教会に、もう一つはソアッソンに、また一つはアルルにもある。私はイエス・キリストが石のうえに足跡を残すことができたかどうかについては論じない。しかし私はただ事実について論じる。またこれらはなんら正当な証拠がないので、私はそのすべてを拵え事であるとしなければならない、と非難する。しかしこの種のうちのもっとも奇抜な聖遺物は彼の尻の跡で、これはシャンパーニュのランスの大祭壇の背後の石のうえについている。これは我々の主が彼らの教会の正面玄関を造るため石工に姿を変えて働いたときにできた、と彼らは言っている。この冒瀆行為はあまりにも甚だしいので、私はそれについてこれ以上言葉を続けることを恥じる。

しかしさらに進めて、彼の画像についての謂れを見よう。これは一般に画家、彫刻家、芸術家によって制作されたものではない。なぜならその数は限りがないからである。それらは聖遺物としてなにか異常があると考えられて、ある特別な権威を持つのである。さて、それらには二つの種類がある。その一つはイン・ポルティク[91]と呼ばれる、ローマの聖マリア教会に顕示されているもののように、奇蹟的に作られたものである。同じく、別のものがラテラノの聖ヨハネ教会にある。同じく、別のものは彼の十二歳のときに作られたという彼の肖像である。同じく、もう一つはルッカのそれで、天使によって作られたと言われ、ウゥルトゥス・サンクトゥス[92]と呼ばれている。それらはまったく取るに足りない作り話である。したがってもし私がそれらを反駁して楽しむならば、私は骨折り損をして、世の物笑いになり馬鹿ではないかとさえ思われるであろう。したがってそれらをついでに注意するだけで十分である。なぜなら絵を描くのは天使の仕事ではなく、また我々の主イエスは肉体の姿とは違った方法で我々の記憶に刻まれることを欲するからである。エウセベイオスはその『教会史[93]』のなかで、主は生けるがごとく描かせた肖像をアバガロス王に贈ったと述べている。これは『メルシネの年代記[94]』に語られる事柄の一つと同じほど確実であるに違いない。しかしそうであったにせよ、どうしてそれを彼らがアバガロス王から手に入れたのか。というのは彼らはそれがローマに存在することを誇りとしているからである。ところで、エウセベイオスはそれが彼の時代まで存在したとは語っていない。彼ははるか昔のことであるのを噂によって語っているのである。それが六、七百年も経って復活し、ペルシアからローマへ来たと推定すべきであろうか。彼らは主のからだの絵と同様に、十字架の絵も作った。彼らはブレシアにコンスタンティヌスに現われた十字架[95]を所蔵していることを誇っている。私はそのことについて彼らと言い争わない。私はそれをクールトンヌのひとびとに送り返す。それを彼らも所蔵している、と彼らは強く主張しているからである。したがってそれについては彼らのあいだで論争をして貰おう。そのときにその訴訟に勝つ当事者が現われるであろう。そしてひとは彼らに答えるであろう。彼らの無分別を説得する答えは容易である。というのはある著述家がコンスタンティヌスに十字架が現われたというのは、物質的な十字架でなく、幻として天に現われた[十字架の]形象であると理解すべきである。したがってたといそれが真実であったとしても、彼らは知性の欠如によって重大な間違いを犯したと考えられる。彼らは土台のない誤謬を積み重ねたのである。

第二の種類の画像は、それによっていくつかの奇蹟が起こったので聖遺物と見なされている。この群のなかにひげの生えたキリストの十字架像が含まれる。たとえばスペインのブルゴスのそれ。同じく、聖サルバドル教会のそれ、またオランジュのそれである。もし私がそれを信じることがどんなに気違いじみ、またはどんなに馬鹿げているかを明らかにすることに気を使えば、ひとは私を嘲笑するであろう。そのことはあまりにも理屈に合わないので、私はその反駁に努力を払う必要はない。しかしながら哀れなひとびとはひじょうに愚かで、たいていのひとびとはそれを福音書と同様に確実であると思っている。同じように私はこの系列のなかにすでに述べた十字架像を加える。それはひじょうに多い。しかし我々はその一例、すなわちフランスのサン・ドニのそれを挙げるに留める。彼らの言うところによれば、それは教会が奉献されたことに敬意を表して話をしたとされる。私はそのことがそれに十分値するかどうかは想像にまかせる。しかしなお私は彼らにその十字架像がどうして教会のなかに残っていたかを尋ねる。教会が奉献されるとき、一切の像が教会から撤去されるからである。それが他の像とともに運び出されないで、どうして隠れていたのか。彼らは明らかに慣例に背くことなど気に留めないで、安易に世間を瞞着できると考えたとしか言いようがない。彼らは公然と抗議を受ける恐れのあることなど物ともしないで、慎みなく嘘をつくことだけが彼らにとって十分であると考えたと言わねばならない。終りに涙がある。私の全然知らないものを言わないでも、一つはヴァンドーム、一つはトリーア、一つはサン・マクシマン、さらに一つはオルレアンのサン・ピエール・ル・ピュエリエの教会にある。彼らの言うところによれば、そのあるものは自然の涙である。その一つ、サン・マクシマン教会のそれのように、彼らの年代記によれば我々の主が使徒たちの足を洗ったとき、主が落とした涙である。その他は奇蹟的に生じたものである。あたかも木の十字架像が悲しんで泣いたと信じられているようである。しかし私は彼らのこの過誤を赦さねばならない。なぜなら彼らは彼らの像が異教徒のそれと同じようでないことを恐れたからである。異教徒は彼らの偶像がときどき涙を流すと想像した。したがって我々はどちらも同じであるとすることができる。

童貞マリアについて、彼女のからだはもはや地上に存在しないと彼らは教えているので、そのことは彼らに彼女の遺骨を持っていることを自慢するのを妨げた。さもなければ、彼らは大墓地を充満させるほど多数の彼女のからだを持っていると信じさせたと私は思う。しかし彼らは彼女のからだのなにかを持とうとして彼女の髪の毛や乳汁でもってその埋め合わせをした。彼女の髪の毛については、それはローマのミネルヴァの聖マリア教会、スペインの聖サルバドル教会、マコン、クリュニー、ノアヨン、サン・フルール、サン・ジャクリ、その他いくつかの場所にある。彼女の乳汁についてはそれが存在する場所を枚挙する必要はない。それもまた切りがないからである。それを顕示していないどんなに小さな町も、どんな下らない修道院も女子修道院もない。あるところには多くあるところには少ない。彼らはそれを壺一杯持っていることを自慢するのは気おくれしたのでなく、それを杯やガラスの小瓶に入るぐらいの僅かしか持たないでいるならば、彼らの虚偽はいっそう隠れるように思われたからである。こうしておけば近寄って調べることができないためである。とにかく聖童貞が牝牛のようであったとしても、またその全生涯乳母であったとしても、このように多量の乳汁を搾り出すことはできなかったであろう。さらに今日至るところに顕示されているこの乳汁がどうして収集されそれを今日まで保存することができたかをあえて私は尋ねたい。なぜなら我々はかつてこのことにだれかが好奇心を持ったということを読まないからである。牧者たちはイエス・キリストを拝礼し[96]、博士たちは彼に彼らの携帯した贈り物を捧げた[97]と言われる。しかし彼らはそれに対する返礼に聖母の乳汁を貰って行ったとは決して言っていない。聖ルカはシメオンが聖童貞に預言した[98]ことを語るが、彼は彼女に乳汁を与えるように願ったとは言っていない。この点だけしか見ないにしても、この愚行がどれほど理性に反することであり、またいかなる口実も有り得ないことを証明するため、私はこれ以上論じる必要はない。彼らは彼女のからだについて別の何かを持つことができなかったので、彼女の爪とかそういう類いを持ち出すことを思いつかなかったのは不思議である。しかし彼らはなにものも思いつかなかったらしい。

以上のほか彼らの持っている聖母マリアの聖遺物はその所持品である。第一に、シャルトルに彼女の下着があって、ひじょうに有名な偶像となっている。またドイツのアーヘンにも一枚ある。どうして彼らはそれを持つことができたのかそれを追求することは止めよう。なぜなら使徒たちもその時代の真のキリスト教徒もこのような陰謀に興味を持つほど愚かでなかったことは確実であるから。しかしただその外形だけを検討して貰おう。もし彼らの恥知らずが眼に入らないならば、私は勝負にまけたことを認める。ドイツのアーヘンで我々が先に言った下着の顕示が行なわれ、司祭の長い祭服《オーブ》[99]に似たものが竿の先端に吊り下げて顕示されている。もし童貞マリアが大柄の女性であったならば、彼女は辛うじてこのように大きな下着を着ることができたであろう。それにいっそう光彩を与えるため、同時に聖ヨセフの靴が顕示されている。

それは子供か小人《こびと》の履く大きさである。嘘つきは、忘れてしまって露顕しないように、良い記憶を持たねばならない、と言う諺がある。彼らはこの規則を守らなかった。彼らは夫の靴と妻の下着のあいだにふさわしい釣合いを取ることを考えなかった。いま彼らに真実とは思えない、これらの聖遺物に信心深い接吻をしに行かせよう。彼女の被り物について、私は二か所しかその存在を知らない。一つはトリーアの聖マクシミヌス修道院に、もう一つはイタリアのリジオにある。しかし私はそれらがどのような布で作ってあるのか、またそのころユダヤの国でどのような方法で被っていたかを思いめぐらすことを願う。私はまたそれらがどれほど似通っているかを調べるためにそれぞれを比較することもまた願う。ブーローニュに彼らは聖ヨセフの経札[100]を持っている。この経札はまやかしであると私が考えるかどうか、だれかは私に尋ねるであろう。私はプラハと、モンセラのノートル・ダム教会にある彼の帯を同じように評価すると答える。同じく、サン・ジャクリにある彼の上靴《パントウフル》[101]についても、またサン・フルールにある彼の短靴《スーリエ》[102]の一つについても同様である。しかしなにか変わったところがない、およそふつうの知能をもつひとなら、このような上靴や短靴を集めて聖遺物とするのは信仰あるひとの振舞いでないし、また童貞マリアの死後五百年以上のあいだそれについて、なんの記述もなかったことが十分に分かっている。したがってそのことを疑って、それについてさらにどのような議論をする必要があろうか。そのうえ彼らは聖処女が身を飾り髪を結《ゆ》うことにひじょうな注意を払ったと思いこませることを欲した。彼らは二つの櫛《くし》を、その一つはローマのサン・マルティヌス教会に、他はブザンソンのサン・ジャン・ル・グラン教会に顕示する。ほかにも顕示されているかも知れない。もしそのことが聖処女を嘲笑することにならないならば、私はなにが嘲笑であるか知らない。また彼らは彼女の結婚指輪を決して忘れなかった。というのは彼らはそれをペルージアに持っている。今日結婚に際して夫から妻に指環を贈ることが習慣であるので、彼らはこのようなことがその時代にも行なわれたと想像し、それを詳しく調査しないで、美しい立派な指輪をこの習慣に帰し、聖処女が貧困な生活をしていたことを考えなかった。彼女の衣服については、彼らはそれをローマのラテラノの聖ヨハネ教会に置いている。同じくサント・バルバラ教会に。同じく、サント・マリー・シュル・ミネルヴァ教会に。同じくサン・ブレーズ教会、またスペインの聖サルバドル教会にもある。少なくとも彼らはその断片を持っていると言う。私はなお他の場所が挙げられるのを聞いたが思い出せない。これに対してその虚偽を指摘するにはその素材を調べる必要があるだけである。人形に着物を着せるように、彼らは童貞マリア[像]に彼らの気に入る着物を着せることもまた彼らにとっては容易なことであると思ったのである。

なお画像について語ることが残っている。それらは有り触れたものではなく、いくつかの特異性があるのでほかのもの以上に尊崇を受けている。ところで彼らは今日ローマの聖マリア教会のあるイン・ウィアー・ラーター[103]と呼ばれる場所で、聖ルカが四枚の「マリアの」画像を描いたと信じさせている。一つは聖ルカがマリアに対する敬虔の思いから描いたものである、そのように彼らは言っている。聖ヨセフが彼女と結婚したときの指輪とともにその小聖堂に顕示されている。ローマの聖マリア新教会にもう一つ別の画像が顕示してある。それを彼らはトロアス[104]で聖ルカによって描かれ、そこから天使によって「ローマに」運ばれて来たと言っている。同じく、もう一つは彼女が十字架の傍《かたわ》らに立つ姿で、サンタ・マリア・アーラ・カエリ教会にある。しかし彼らは聖アウグスティヌス教会にその重要なものを持っている、と自慢している。彼らの言葉を信じるならば、聖ルカは自分の墓にそれを埋めさせるまで、つねに自分のからだから離さないで持っていた。聖福音書記者「のルカ」を完全な偶像崇拝者にするのはなんという冒瀆行為であろう、私は尋ねたい。また彼らは聖ルカが画家であったことを説得するためどんな口実を用意しているのだろうか。聖パウロは彼を医師と言っている。しかし彼が画家を職業としたとはどこから考えついたのか、私は知らない。そして彼がこのようなことをしたことが事実であったとするならば、彼はユーピテル、あるいはウェーヌス、あるいはその他の偶像と同じように童貞マリアを描こうと欲したと推定しなければならない。肖像を持つことは、キリスト者の慣習でなく、教会が迷信で腐敗するまで長く存在しなかった。他方、世界のすみずみに彼が制作したと言われる童貞マリアの肖像が溢れている。それはカンブレその他あちらこちらにある。しかしどんな形であるのか。放埓な女の肖像を描こうと欲したもののような外観である。神は彼らをどんなに盲目にしたか、彼らは野獣ほどにも思慮を持ち合わせなかったのである。彼らがマリアを描いた肖像を聖ルカに帰していることに私は驚かないというのは、彼らは同じことをあえて預言者エレミヤ(105)に押しつけているからである。その証拠がオーヴェルニュのル・ピュイにある。私の意見では、この哀れなひとびとは一度、目を開いてかくも明白であることを見抜くべき時であると思う。私は聖ヨセフについては語るのは止めておく。あるものは、トリーアのサン・シモン修道院のように、彼の上履《うわば》きを持っており、ほかのものは、すでに述べたように、彼の靴を、さらにほかのものは彼の遺骨を持っている。そこにある愚かな行為を見破るには私が提出する実例で十分であろう。

私はここで聖ミカエル(106)を追加したい。というのは彼は童貞マリアの侍者であったからである。私は天使の聖遺物を引用してふざけていると思われるかも知れない。なぜなら笑劇《ファルス》の役者でさえそれを嘲《あざけ》るからである。しかし偽善者たちは哀れなひとびとを故意に迷わすことを慎まなかった。なぜなら彼らはカルカッソンヌにその聖遺物を持っていると自慢しているからである。また同じようにトゥールのサン・ジュリアン教会にもある。巡礼者が大挙してしばしば訪れるグラン・サン・ミシェルには少年の弄《もてあそ》ぶ短刀に似た彼の短剣と、馬の轡の飾り金に似た彼の盾《たて》が顕示されている。これらがどれほど馬鹿げたものであるかを判断できないほどの素朴な男も女も存在しないのである。しかしこのような虚偽が信仰のかげに隠されているので、神と天使を蔑《ないがし》ろにすることが行なわれるのだと思われる。彼らは聖ミカエルは悪魔と戦ったと聖書に証言されていると答えるであろう。(106) しかし悪魔を剣で倒さねばならないならば、そのようなものでない、もっと丈夫でもっと先の尖った鋭利なものでなければならないであろう。天使や信者が悪魔に対して刃向かったのは肉欲との戦いで、物質的な剣によって戦うことであると、彼らが想像するのはなんと愚かなことであろうか。もっとも世は生ける神に仕える代りに、偶像や人形を渇望するほどに堕落しているので、このような愚かなことに魅せられるのはまことに当然で、これは最初に私が言ったことである。

順序として、いまバプテスマの聖ヨハネ(107)について語らねばならない。福音書の記事、すなわち神の真理によると、(108) 彼は首を刎《は》ねられたあと、弟子たちによって埋葬された。教会の古代の年代史家テオドレトスの語るところによれば、シリアの町セバステイアにあった彼の墓地はしばらくして異教徒によって暴かれ、遺骨は彼らによって焼かれ、灰は空中に散布された。エルサレムのものが数人そこに生き残っていたが、(109) 彼らはわずかの灰をひそかに集めて、それをアンティオケイアに運び、アタナシウスがそれをその城壁に埋めたと、(110) エウセベイオスが書いている。［聖ヨハネの］首について、もう一人の年代史家ソゾメノス(111)は、それは皇帝テオドシウス(112)によってコンスタンティノープルに運ばれたと書いている。したがって古代の歴史家たちによれば、彼のすべてのからだは首を除いて焼かれ、エルサレムの隠修士たちがひそかに手に入れたわずかの部分を除けば、すべての骨と灰はすっかり失われたことになる。ところが、いまそれが現に存在しているのである。アミアンのひとびとは彼の顔を所持していることを光栄としている。彼らが顕示する死面には目の上に刀傷があり、彼らはヘロディアスが切り付けさせた傷跡であると言う。しかしサン・ジャン・ダンジェリのひとびとは彼らに反対し、「ヨハネの」同じ部分を顕示している。その頭の残り、すなわち前額部から後頭部にかけての頭はかつてロードス島にあったが、今はマルタ島にあると私は思う。少なくとも「マルタ騎士修道会の」領袖《りょうしゅう》たちはトルコ人がそれを彼らに返還したと主張した。その後頭部はサン・ジャン・ド・ヌムールに、脳漿《のうしょう》はノジャン・ル・ラントゥーにある。それにもかかわらず、サン・ジャン・ド・モリエンヌのひとびとは彼の頭の一部を持っていると主張してゆずらない。彼の顎《あご》はブザンソンのサン・ジャン・ル・グラン教会にあると主張している。他の部分がパリのラテラノの聖ヨハネ教会にあり、またオーヴェルニュのサン・フルーには耳の端が、スペインの聖サルバドル教会には前額と髪の毛がある。ノアヨンにもそのいくらかがあり、確かに顕示されている。同様に、私はそのどの部分であるか知らないが、ルッカにもその一部がある。以上のすべては本物であろうか。ローマに行って見なさい。サン・シルヴェステル修道院には、これはバプテスマの聖ヨハネの頭であると言っているのが聞かれるであろう。詩人たちはかつてスペインにゲリュオン(115)と呼ぶ三つの頭を持つ王がいたと想像する。もし我が聖遺物制作者たちがバプテスマの聖ヨハネについても同じことを言うことができるならば、そのことは彼らの虚偽を助けて彼らにとってはまさに具合が良かろう。しかしこの寓話はここには全然あてはまらないので、彼らはどんな言い訳をするのであろうか。私は彼の頭がどうしてこのように細切《こまぎ》れになってさまざまな多くの場所に散在していることも、彼らがどうしてそれをコンスタンティノープルから入手したことも彼らに対して執拗に追求することを欲しない。ただ、私は聖ヨハネが怪物であるか、または彼らは彼の頭の多くの部分を顕示する破廉恥な欺瞞者であるに違いないと言うだけである。

さらにいっそう悪いことに、シエナのひとびとは彼の腕を持っていることを誇っている。これは我々がさきに述べたように古代のすべての歴史家たちと一致しない。それにもかかわらず、こういう悪習が黙認され、しかも承認されている。まさにそのことはひとびとに迷信を助長させ、反キリストの王国に悪いことはなにもないかのようである。さて彼らはもう一つ別の作り話を捏造《でつぞう》した。それは彼のからだが焼かれたとき、その指が我々の主イエス・キリストを指していたので損傷しないで完全に残ったというのである。それは古代の歴史家たちと一致しないばかりか、彼らによって容易に反駁される。なぜならエウセベイオスとテオドロスによれば、異教徒たちが彼のからだを奪ったとき、すでにそれは骨に化していたというからである。そしてもし指になにかがあったならば、彼らはこのような奇蹟を忘れるはずがない。なぜなら彼らは取るに足りないことでも、それを語る好奇心があまりにも強かったからである。しかしそれが事実であったとすれば、この指がどこにあるかをすこしばかり聞くことにしよう。ブザンソンのサン・ジャン・ル・グラン教会にその一つがある。またトゥールーズに、またリヨンに、またブールジュに、またフィレンツェにもある。またマコン近くのサン・ジャン・デ・ザヴァンテュール教会にもある。私はその問題についてこれ以上なにも言わない。ただかくも明白で確実な警告に慣れないよう、またこのような明るさのなかで目を塞《ふさ》いで暗黒のなかにつねに安住する誘惑に負けないことを読者に願うばかりである。もし片方の手に六本の指があると思わせ、我々の目を晦《くら》ます手品師がいるのであるから、なお我々は騙《だま》されることを恐れる。さて、ここにはまったく緻密さがない。聖ヨハネのその〔一本の〕指がフィレンツェに、またリヨン、ブールジュその他五か所にあると我々が信じることができるかどうか、または、もっと簡単に言えば、六本の指が一本しか存在しない、またただ一本の指が六本になると信じることができるかどうかということが問題である。私は知っているだけしか語らない。もしもっと熱心な調査をすれば、さらにほかに半ダースぐらいを見付けるであろうことを私は疑わない。またその頭について、集めれば牛の頭ほどの大きさになる断片が先に私が述べたもの以外にも存在することも。さて、彼らはすこしも洩らさないでその灰も持っていると見せかけ、それはジェノアに一部、ほかにローマのラテラノの聖ヨハネ教会にもある。ところでその大部分は空中に撒かれたことはすでに述べた。しかし彼らの言うように、彼らはその大部分を、また主としてジェノアに持っていると主張してやまない。

彼のからだに次いで、ほかに彼の持ち物が残っている。たとえばパリのシャルトルー会にある彼の靴のごとき。それは十二、三年まえに盗難に遭った。しかしただちに新しく別のものが再び現われた。実際、靴屋の種属が絶えないかぎり、彼らはこのような聖遺物を欠かさないであろう。彼らはローマのラテラノの聖ヨハネ教会に彼の苦行服を持っていることを誇りとしている。これは福音書にはまったく記していない。(116) そこに彼はらくだの毛衣を着ていたと語っているだけであるが、彼らは衣服を苦行服に取り替えることを欲した。彼らはまたその教会に彼が荒地で祈ったときに立てた祭壇を持っていると言う。そのころひとびとはさながらむやみに至るところに祭壇を立てたかのようである。彼らは彼にミサを行なわせたと信じさせようとしなかったのはふしぎである。アヴィニョンには彼が殺されたときの剣があり、ドイツのアーヘンにそのとき彼のからだの下に敷かれた骸布がある。死刑執行人は彼を殺そうとしたとき、監獄の舗石に彼のために布を敷くほど親切であったか私は知りたい。そんなことを捏造するのは愚かなことではないか。ところでこれらの二つがどうして彼らの手に入ったのか。彼を殺したものが、憲兵であるにせよ死刑執行人であるにせよ、聖遺物にするため骸布と彼の剣を与えたことはありうることなのだと考えられるのか。彼らはあらゆるものを一式収集しようと欲したが、彼の目を傷つけたヘロディアスの短刀、流れたすべての血、また彼の墓さえ見逃してしまう手抜かりをした。しかし私もまた間違いをするであろう。というのはすべてこれらのものが他の場所にもあるかどうか私は知らないからである。

いま使徒たちの順番である。しかしもし私が彼らのすべてを一緒に扱うならば、多数のひとに混乱を起こすことになりかねないので、我々は聖ペテロと聖パウロだけを別に扱い、次いで他の使徒たちについて語るであろう。彼らのからだはローマに、その半分が聖ペテロ教会に、他の半分が聖パウロ教会にある。聖シルウェルステル(117)は彼らを等分に量《はか》って配分したと言われる。両者の頭はまたローマのラテラノの聖ヨハネ教会にある。また同じ教会に聖ペテロの歯が一本別にある。さらに、ひとびとは至るところに彼らの遺骨を所有すると主張している。ポアティエにおけるごとく、ひとびとは聖ペテロのひげのある顎を持っている。トリーアに、両使徒の多数の遺骨がある。ベリイのアルジャントンに聖パウロの肩がある。こういうことは切りがない。なぜなら彼らの名を持つ教会のあるところにはどこでも彼らの聖遺物が存在するからである。もしひとがどんなものがあるかを尋ねるならば、この町の大祭壇にあった、私がさきに述べた聖ペテロの脳を思い起こす。これは軽石であることが分かっているように、これら両使徒に帰せられるものは多くは馬または犬の骨であることが発見されるであろう。

からだとともにその付属物がある。スペインの聖サルバドル教会には彼の上靴がある。彼らがポアティエに持っているものは金糸織りの繻子《しゅす》で作られたものに似通った商品であると推測すべきである。これは彼の生きているあいだの貧困に報いるため彼の死後、彼がいかに着飾られたかということである。今日の司教たちは司教の職務にあるとき、豪華な格好をしているので、もし使徒たちに同様の格好をさせないならば、使徒たちの品位を落とすことになると、彼らは思ったらしい。ところで画家たちは念入りに不格好な人物を描き、頭から足の先端までそれらに金を塗りたくって、あとでそれらに聖ペテロまたは聖パウロの名を押しつけることができるのである。しかしひとは彼らがこの世に生きているあいだ、彼らはどんな身分であったか、また彼らは貧しいひとびとの衣服以上のものをまとっていなかったことを知っている。ローマにはまた聖ペテロの司教座と祭服がある。当時あたかも司教たちは腰掛ける椅子を持っていたかのようである。しかし彼らの任務は公的また私的に教訓を与え慰め励まし彼らの羊たちに真の謙遜の模範を教えることで、今日の彼らがしているように決して偶像を作ることではなかった。祭服については、服装様式はまだ決まっていなかった。今日のひとびとがするように、教会にはまだ笑劇[118]は演じられなかったからである。したがって聖ペテロが祭服を持っていたことを証明するため、彼は神に仕えようとするとき、今日の我が司祭たちがするように、彼が道化役を演じたことを第一に示さなければならない。彼らは聖ペテロに祭壇を与えたので、つぎは彼に祭服を与えてもよかろうというのが本当のところである。しかし一方も他方も同じように尤《もっと》もらしくない。当時どんなミサが行なわれたかが知られている。使徒たちはその時代には我らの主の聖晩餐式が行なわれていただけであるから、祭壇を持つ必要はまったくなかった。ミサについて、ひとはそれがどんなに馬鹿らしいものであるかを、またそれはその後も長く知らなかった。したがって彼らが彼らの聖遺物を発明したとき、彼らはそれに反対されるはずがないことを決して疑わなかったことは言うまでもない。こうして彼らは止めどもなく軽率な嘘を重ねて行った。しかもこの祭壇について彼らのあいだに一致がない。というのはローマのひとびとはそれを持っていると主張し、ピサのひとびとも海に近い城廓にそれを顕示している。彼らはおよそ利益になると見れば、［大祭司のしもべ］マルコスの耳を切った［ペテロの］短刀を忘れるはずはなかった。それはあたかも聖遺物として推薦するに値する貴重なものであるかのごとくである。私はパリのサン・テティエンヌ・デ・グレ教会に顕示してある彼の杖を忘れていた。それは祭壇や祭服と同じほど高く評価されねばならない。というのは同じ理由によるからである。彼の巡礼杖はすこし真実らしい。なぜなら彼は野原を行くとき、このような杖を護身用に携帯したと思われるからである。しかし彼らはすべてを混乱させて一致しない。というのはケルンのひとびとはその杖を持っていることを強く主張し、トリーアのひとびとも同様である。したがって彼らはたがいに反駁し合い双方でたがいに相手のものをまったく信用できないとする。私は聖パウロが繋がれた鎖[120]については語らないでおく。それはローマの彼の名の教会に顕示されている。同じく、聖ペテロが殉教した柱[121]についても。それは聖アナスタシウス教会にある。ただ私はこの鎖がどうして彼らの手に入って聖遺物となったかは読者の想像にまかせる。同じく、その時代に柱にかけてひとを処刑したのかどうかを知ることも。

我々は先を急ぐため他のすべての使徒についてまとめて扱うであろう。まず第一に、我々はそれぞれを比較するため、完全なからだがどこに存在するか、彼らの言い分からどんな判断が下されるかを語るであろう。トゥールーズの町はそのうちの六体、すなわち聖大ヤコブ[122]、聖アンデレ[123]、聖小ヤコブ[124]、聖ピリポ[125]、聖シモン[126]また聖ユダ[127]のからだを持っていると思っているのは周知である。サレルノには聖マタイのからだ、オルトナには聖トマスのからだ、ナポリ王国には聖バルトロマイのからだがある。いま、二体また三体のからだを持つものを指摘するであろう。聖アンデレはメルフィにもう一つ別にからだを持っている。聖ピリポと聖ヤコブはともにローマの聖使徒教会にもう一つ別にからだを持っている。聖シモンと聖ユダもまたローマの聖ペテロ教会に。聖バルトロマイ[128]はローマのその名の教会に。このようにすでに六人がそれぞれ二つのからだを持っていることになる。そしてさらに聖バルトロマイの皮膚がピサにある。しかし聖マタイ[129]はほかのすべてのものを陵駕する。というのは彼はローマの聖大マリア教会に、もう一つトリーアにさらに第三のからだを持っている。このほか、彼はローマに頭と腕だけを別に持っている。あちらこちらに聖アンデレのからだの断片があって、それらを合わせるとからだの半分を越えるほどであることは間違いない。なぜならローマの聖ペテロ教会に頭、聖クリュスゴノス教会に肩、聖エウスタキウス教会に脇腹、聖霊教会に腕がある。聖ブレーズ教会にはどこか分からない他の部分がある。エクス・アン・プロヴァンスには一本の足がある。これらを一緒につなぎ、揃えることができるならば、やがて二人分のからだが作りあげられるであろう。ところで、聖バルトロマイはピサに皮膚を残したが、彼はまたそこに一本の手を持っている。トリーアには[聖アンデレの]どこか分からないからだの部分がある。彼はまたフレジュスに指の一本、ローマの聖バラバ教会にも別の聖遺物がある。このように彼は決して小量でない。他の使徒たちはそれほど[聖遺物を]持っていない。それでもそれぞれはほかにもいくつかの断片を持っている。このように聖ピリポはローマの聖使徒教会に一本の足を持っているし、聖バルバラ教会にはなにか分からない聖遺物がある。同じくトリーアにもある。あとの二つの教会には同じように仲間の聖ヤコブを持っており、聖ヤコブは同じように聖ペテロ教会に頭、聖クリュスゴノス教会に一本の腕、聖使徒教会にもう一本の腕を持つ。聖マタイと聖トマスはもっとも少ない。なぜなら前者はトリーアにからだとともに遺骨のいくらか、ローマの聖マルケルス教会に一本の腕、聖ニコラス教会に頭を持っているにすぎないからである。たまたま私がなにかを逸しているにしても、それで十分であろう。したがってこのような深淵にあってだれが混乱を避けないでおられようか。

彼らの年代記によると、福音書記者の聖ヨハネの遺体は墓に埋められたが、たちまち消え失せたと言うのであるから、彼の遺骨を作り出すわけにはいかない。しかし[130]彼らはこの欠陥を補うため、彼の身の回りの物に飛び付いた。そして第一に彼がドミティアヌスによって処刑されたとき飲まされた毒杯を持つべきだと考えた。しかし三か所がそれを持っているというのであるから、我々はその増加について錬金術師が語っていることを信じなければならないか、またはその杯を持っているというこれらのひとびとは世のなかを偽騙《ぎへん》しているかどちらかである。その一つはボローニャに、他はローマのラテラノの聖ヨハネ教会にある。つぎに彼らは彼の上着と、彼が捕えられ獄中で絶えず祈った祈禱台を携え、エペソから曳《ひ》かれて来たとき彼が繫がれた鎖を作った。私はそのとき彼が祈禱台を作るため指物師を雇ったかどうかを知りたい。同じく鎖を外《はず》してそれを聖遺物にするため、キリスト教徒たちと兵士とのあいだにどんな親密な関係があったことも。しかしもっとも馬鹿らしい宝物はリヨン付近のノートル・ダム・ド・リール教会に顕示されている使徒たちの十二本の櫛《くし》である。私は思うにそれらは初めフランスの十二人の貴族たちが使用したものであることを信じさせる意図でそこに奉納されたものであるのが、それらの品位が上昇してついに使徒たちに属したということになったのである。

いまより先を急がねばならない。さもなければ我々はこの森のなかから脱出することはないであろう。したがって我々は我々の主イエス・キリスト在世時の聖者たちの遺物を簡単に述べるであろう。次いでその結果として古代の殉教者たちとその他の聖者たちの遺物を。それらによって読者は彼らがそれらについてどんな尊敬を払っているかを判断しなければならない。童貞マリアの母、聖アンナ[13]はプロヴァンスのアプトに彼女の遺体の一つを持っている。もう一つはリヨンのノートル・ダム・ド・リール教会に存在する。そのほかに彼女は頭をトリーアに、もう一つをユーリッヒ[132]のデューレンに、またもう一つをテューリンゲンの彼女の名を持つ町に持っている。私は百か所以上に散在するその断片は省略する。なかでも私はノアヨン付近のウルスカンの修道院で、その大祭のとき、その一部分に接吻したことを思い出す[133]。なお、ローマの聖パウロ教会には彼女の腕が一本ある。もしできるならば、以上について根拠を与えてもらいたいものである。

　つぎはラザロ[134]とその姉マグダラのマリア[135]である。彼については、私が知るかぎり、三つの遺体しかない。一つはマルセイユ、他はオータン、三つ目はアヴァロンにある。そのことについてオータンのひとびとはアヴァロンのひとびとに執拗に難癖をつけたことは言うまでもない。彼らはどちらも多額の金を費やしたのちともに訴訟に勝った。少なくとも、彼らはそれぞれ権利を保持し続けている。マグダラのマリアは女であるから、彼女の弟より劣っていなければならない。したがって彼女は二つの遺体しか持たない。一つはオセール近くのヴェズレイにある。

もう一つはプロヴァンスのサン・マクシマンにあってひじょうに有名である。そこには別に彼女の頭とともに、彼女の「ノーリ・メ・タンゲーレ」[136]［の皮膚］がある。それは蠟のかけらで、彼女がイエスに触ろうとしたとき、イエスは腹を立て怒って彼女を打ったときの痕跡であると考えられている。私は世界中に散在している彼女の髪や遺骨の聖遺物については語らない。それらを確認しようと欲するものは、まずラザロと彼の二人の姉妹、マルタ[137]とマグダラのマリアがかつてフランスに来て説教したこと[138]があるかどうかを知ることである。なぜなら古代の歴史を読み、またまったく正しい判断をすれば、それは世のもっとも馬鹿げた作り話であり、また雲を指して牛の皮であると言うのと同じほどの本当らしさであることは明らかである。それでもそれはひじょうに確実な聖遺物であるといわれる。しかしそのとおりであるならば、一つの悪魔を二つまたは三つの悪魔にするのではなく、一つのからだを偶像崇拝に濫用するぐらいわけはないのであった。

彼らはまた十字架上の我らの主の脇腹を突き刺した兵卒を聖者の列に加え、それを聖ロンギノス[139]と呼んだ。彼らは彼に洗礼を授けたのち、二つの遺体を作り、その一つはマントヴァに、他はリヨン近くのノートル・ダム・ド・リール教会にある。彼らは主の降誕のとき、主を拝礼に来た賢人たちにも同じことをした。第一に、彼らは三人しかいなかったと言って、その数を定めた。ところで福音書[140]には彼らがどういうひとたちであったかを述べていない。古代の博士たちのあるもの、たとえばしばしばクリュソストモス[141]に帰せられる聖マタイ福音書の未完成の注解の著者は彼らは十四人いたと言った。福音書は彼らを哲学者たち[142]と言っているのに、彼らは国籍も臣下もないのにかかわらず慌《あわ》てて彼らを王にした。ついに、彼らは王たちに洗礼を授け、一人にバルタザル、他にメルキオル、またもう一人にガスパルという名を与えた[143]。我々はその話がいかにも取るに足りないものであるとするが、仮に彼らの作り話をすべて認めることにしよう。しかし賢人たちは東の国に帰って行ったことは間違いない。なぜなら聖書はそれを語るからである[144]。また彼らはその地で死んだということのほかひとはなにも語ることができない。あとでそこからだれが彼ら［の遺体］をその地から運んだのか。まただれが彼らであることを知って指摘し、彼らのからだを聖遺物にしたのか。しかしこれほど明白に馬鹿げたことを反駁するのは私にとって愚かなことで、私はこれを差し控える。ケルンのひとびととミラノのひとびとはどちらがそれらを持っているかの争いであるとだけ言っておく。なぜなら両方ともそれらを持っていると主張する[145]が、そんなことは不可能だからである。彼らの訴訟が解決されるとき、そのとき我々はなにをしなければならないかを見つけるであろう。

古代の殉教者たちのうち、もっとも有名なのは聖ディオニュシオス[146]である。彼は使徒たちの弟子の一人であって、フランスの最初の伝道者であると考えられている。この栄誉のゆえに彼の聖遺物がいくつかの場所に存在している。しかしそのからだはただフランスのサン・ドニとドイツのレーゲンスブルクの二か所に完全に存在するだけである。約百年の昔、(147)フランス人がそれを持っていると主張したので、レーゲンスブルクのひとびとはローマでそれについて訴訟を起こした。フランス大使がそこに臨席したがそのからだは最後の判決でレーゲンスブルクに有利に宣告された。彼らはそれについて[教皇の]立派な勅書を授与された。したがってそのからだがパリの近くサン・ドニに存在しないと言うものがあれば石を投げられるであろう。同時にそれはレーゲンスブルクに存在しないと反対するものはすべて異端者であると見なされるであろう。というのはそれは使徒の聖座(148)に対する反逆になるからである。したがってもっとも賢明なのは彼らの争いに干渉しないことであろう。もし彼らが欲するならば、相手の目をたがいに抉《えぐ》り合《あ》うがよかろう。こうすれば彼らの係争のすべては虚偽であることを発見しなんの利得も持たないであろう。

聖ステパノ(149)については、彼らはそのからだを分割したので、その全身はローマのその名の教会に、頭はアルルにある。またその遺骨が二百か所以上に散在する。しかも彼らはステパノを殺害したものの仲間であることを示しているかのように、彼に投じられた石を聖列に加えた。ひとはそれらをどこで見つけたのか、だれの手でどんな方法でどのようにして獲得したかが問われるであろう。簡単に私はこの質問は馬鹿げていると答える。なぜなら小石は至るところにあって、車で運ぶに値しないことがよく知られているからである。しかしそれらはフィレンツ

本の豆知識

●本の入り口＝扉●

扉(本扉)とは書物の入口にあたる部分で，表紙を開けると見返し，次が扉となる．かつて文庫や新書を除く多くの書物は本文とは別の厚い用紙(別紙《べつがみ》)を扉に使用していた．現在では扉を共紙《ともがみ》とし本扉の前に前扉を付しているものが多い．前扉にはタイトルのみを入れる．

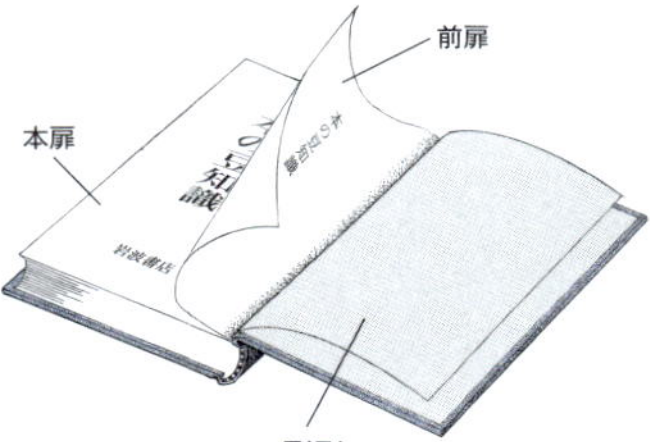

岩波書店

https://www.iwanami.co.jp/

エ、アルルのアウグスティヌス会修道院、ラングドックのヴィガンに顕示されている。目と思慮を塞ぐことを欲するものはそれらを聖ステパノに投じられたその石ころであると信じるであろう。またすこし慎むことを欲するものはそれを嘲笑するであろう。しかし事実、ポアティエのカルメル会の修道士たちは十四年前からその一つを発見し、それに産気づいた婦人を安らかに分娩させる任務を与えた。ジャコバン会の修道士は、安産に効験があるとされた聖マルガレタの肋骨[150]を盗まれたので、彼らに言い掛りをつけ、彼らの間違いであることを非難した。しかしカルメル会の修道士は応戦奮闘してついに勝利を得た。

私はヘロデ王に殺された幼児たち[151]について語ることをあまり考えなかった。なぜなら私はその多数を集めることができたとしても、その数がまったく分からないかぎり、これは歴史に矛盾するものでないと、つねに彼らは答えるであろうからである。したがって私はその数について語ることをしないであろう。ただ、それが世界のあらゆる地域に存在することを注意してほしい。しかしながらヘロデが幼児を虐殺させたとき、彼らは聖者と見なされていなかったのであるが、私は今いかにして長い時代を経て彼らの墓が発見されたかを尋ねたい。さらにいつ彼らがこちらへ運ばれてきたのかも。それは彼らの死後五、六百年経ってからということのほか、彼らは私に答えることはできないであろう。もしこれほど不条理なことを信用しなければならないならば、私はそれを世のもっとも哀れで愚かな人間に委ねる。つぎにそれがたまただれかによって発見されたとしても、そのいくつかのからだをフランス、ドイツ、イタリアにどうやって運び、それぞれひじょうに隔っている町々に配分することができたのであろうか。したがってこの虚偽はまったく証明されたものとして、私はこれ以上これを問題にしない。

聖ラウレンティウス(152)は古代の殉教者の一人であったので、我々はここで彼について語るであろう。私は彼のからだが一か所以上に存在することを知らない。すなわちそれはローマの彼の名に捧げられた教会に存在する。しかしさらに彼の焦げた肉を入れた一つの容器(153)が存在するのは本当である。同じく、二本のびんが存在して一つには彼の血、もう一つには彼の脂肪が入っている。同じく、パリスペルナという名の教会(154)に彼の腕と骨がある。また聖シルウェステル教会にも他の遺物が存在する。しかしもしフランスにだけ顕示されている聖ラウレンティウスの骨をことごとく集めることを欲するならば、完全に二人分のからだを作り上げるだけはあるだろう。つぎにパリスペルナ(155)という名の教会はその断片の一つを持っていることを自慢しているが、聖ラウレンティウスが焼かれた炉も存在する。その炉について私は採り上げないであろう。しかし彼らはあまりにも馬鹿げた別の聖遺物を持っているので、それについて私は黙っているわけにはいかない。それは聖エウスタキウス教会に顕示されている「彼を焼いた」石炭である。同じく、天使が彼のからだを拭いた布片である。彼らは世を欺くために時を費やしてこのような妄想を逞しうしたが、この警告の読者はもはやこのような嘲笑を受けないため、時を費やして自分で考えられんことを。同じ工房から彼の長衣が作られ、ローマの聖バルバラ教会に顕示されている。聖ラウレンティウスは助祭であったと聞いたので、ミサのときに彼らの助祭が着用するのと同じ衣装を彼も着用したに違いないと、彼らは考えた。しかしその時代のキリスト教会で、それは別の職務で、今のように教皇に所属していなかった。それは「貧しいひとびとを世話し」施物《ほどこしもの》を配給する世話人または代表であって、決して笑劇《ファルス》を演じる道化師ではなかった。したがって彼らは長衣、祭服、また道化服を作って変装させざるを得なかったのである。

我々は聖ラウレンティウスに聖ゲルウァシウス(156)と聖プロタシウス(156)を追加しよう。聖アンブロシウスの時代に彼らの墓が(158)ミラノで発見された。そのことは聖アンブロシウス(157)が自ら証言している。同じく聖ヒエロニムスと聖アウグスティヌス(159)、その他数人の聖人も証言している。したがって、ミラノの町は今でも彼らのからだを持っていると主張する。それにもかかわらず、彼らのからだはドイツのブライザッハ、またブザンソンのサン・ピエール教区教会に存在する。またさまざまな教会にそれらの無数の断片が散在していることは言うまでもない。したがって「この二人の聖人は」それぞれ少なくとも四つのからだを持っている、または虚偽の看板を掲げて顕示されている彼らの遺骨(160)は野原に棄てなければならないほどに存在する。

彼らは聖セバスティアヌスにペストを治癒できる役割を与えたので、そのことから彼はひじょうに要求され、だれでも彼を持つことを熱心に希望するようになった。この信頼の結果、彼は四つの完全なからだに増加され、その一つはローマの聖ラウレンティウス教会に、もう一つはソアッソンに、第三はナント近くのピリニーに、第四は彼の生地、ナルボンヌ近くに存在する。なおまた彼は二つの頭を、一つはローマの聖ペテロ教会に、もう一つはトゥールーズのジャコバン修道院(161)が持っている。アンジェのコルドリエ修道院(162)はその頭を持っているというが、それを信頼しても二つの頭は空っぽであるとしなければならない。同じくアンジェのジャコバン修道院はその片方の腕を持っている。トゥールーズの聖サトゥルニヌス教会にもう一本ある。オーヴェルニュのラ・シェーズ・ディユーにもう一本、またモンブリゾン・アン・フォレにさらに一本がある。数多くの教会にある彼に属する細かな小片については語らない。しかしひとが慎重に考えて見れば、聖セバスティアヌスのからだがどこかにあることを見抜くことができるであろう。同様に彼らはこれらだけでは満足しないで彼が射殺された矢まで聖遺物にした。彼らはそれらをプロヴァンスのランベクに一本、ポアティエのアウグスティヌス会修道院に一本、その他あちらこちらに顕示している。これによって彼らは彼らの欺瞞について説明を求められることは決してないと考えたと見える。

同様の理由は聖アントニウス(163)に対しても有効で、彼の聖遺物は増加した。なぜなら彼らは偽って、彼は怒りっぽい物騒な聖者で、彼を怒らすものは焼き焦がされると言いふらしたからである。この評判がたてられ彼は恐ろしい警戒すべきものになった。この恐怖は信心を起こし、利益《りやく》を受けるために彼のからだを持ちたい欲望を刺激した。したがってアルルの町はヴィエンヌの聖アントニウス修道会の修道士と激しい長い［本家］争いをした。しかし結果は、このような事件は絶え間なく起こって珍しくなく、すべては不明のままであった。なぜならもしその真実を明らかにしようと欲するならば、どちらも有利ではないであろう。この二つのからだのほかにアルビのアウグスティヌス会修道院に一つの膝がある。ブール、マコン、ディジョン、シャロン、ウールー、ブザンソンに彼のさまざまな部分の遺物が存在する。その他ペテン師の手中にあるものを除いても、その数は決して少なくない。悪いことをするには噂を弘めることであるのを見よ。なぜならそれが無ければこの善き聖者は墓穴にまたはひとの気の付かないどこかの片隅に留まっていたであろう。

私は聖ペテロの娘の聖ペトロニラ(164)を忘れていた。彼女はローマの彼女の父の教会にその完全なからだを持っている。同じくさらに、聖バルバラ教会に別にその聖遺物がある。しかし彼女はル・マンのジャコバン会の修道院にやはりもう一つからだを持っている。それは熱病に効くというので、ひじょうな評判になっている。スサンナ(165)と呼ばれる数人の聖女がいるが、私は彼らの企みがその一人のからだを倍増したのかどうかを明らかに語れない。しかしローマの彼女の名に捧げられた教会に聖スサンナのからだがあり、またトゥールーズにもう一つあるのは例のとおりである。聖女ヘレナはそれほど幸福でなかった。なぜなら彼女はヴェネツィアにある彼女のからだのほかには、ケルンの聖ゲレオン教会にある頭だけで、余分に持てなかった。聖女ウルスラ[166]はこの点で彼女を凌いでいる。彼女のからだはまずサン・ジャン・ダンジェリにある。さらに彼女はケルンにその頭を持っている。そのほかの一部はル・マンのジャコバン会にある。もう一つはトゥールのジャコバン会に、ほかにベルジュラクにある。一万一千人の乙女たちと呼ばれる彼女の仲間がいるが、彼女らは至るところに聖遺物を残している。実際、彼らはその多数であることを幸いにして、無遠慮に厚かましく虚偽を弘めることができた。なぜならケルンに荷車百台分ほどの彼女らの遺骨があるほか、全ヨーロッパの都市に一つまたは数か所の教会にそれらを装飾として持たないところはほとんどないからである。

もし私がありふれた聖人を列挙して行けば、私は出口を見付けることができない森林に足を踏み入れることになるであろう。したがって私は行き当たりばったりにその例を述べて満足するであろう。それによって残りのすべてのものに対する判断を下すことができるであろう。ポアティエに、聖ヒラリウス[167]のからだについてたがいに争う二つの教会がある。聖ヒラリウス教会の聖堂参事会とラ・セルの修道会とである。この係争はその検証が行なわれるまで、未解決のままである。しかしながら偶像崇拝者たちは一人の人物の二つのからだを崇拝することを強制されるであろうし、信徒たちはそれがどこにあってもそんなことには気をかけないで、からだをそのままにしておくであろう。聖ホノラトゥス[168]について、彼のからだはアルルとアンティブ付近のレラン諸島にある。聖アイギディウス[169]はトゥールーズに一つのからだを持ち、またもう一つが彼の名を持つラングドックの町にある。聖グィレルムス[170]はサン・ギヨーム・ル・デゼールと呼ばれるラングドックの修道院に、またエクリシェン[171]と呼ばれるアルザスの町に別に頭を持っている。もっともユーリッヒのデューレンの町の郊外のグィレルムス会の修道院にももう一つ頭がある。聖サフォランまたはシンフォリヌス[172]について私はなにを言うべきであろうか。彼のからだと遺骨が多くの場所にあるからである。オセール、シエナ、リヨンにある聖ルプス[173]についても同様であり、それはまたジュネーヴにあるとも信じられている。聖フェレオルス[173]についても同様である。彼の完全なからだがラングドックのユゼと、オーヴェルニュのブリウドにある。彼らは虚偽が暴露しないよう、少なくともちょうど聖ランベルトゥス[174]の頭についてトリーアの参事会とリエージュのそれとが申し合わせをしたように、ある取り引きをする必要があった。彼らは隣接する二つの町でそれを持っていることで不審の念を起こさせないよう、前者がそれを公開して顕示しないことを、ある金額によって献金の利益にありつくことで妥協した。しかしこれは最初に私が言ったことであるが、彼らの破廉恥を指摘するため、あえて口を開く監視者がいつかは現われることを彼らは予想しなかったのである。

　これら聖遺物の捏造者たちは彼らの頭に浮ぶものをすべて無分別に集め、また息を吐くように彼らに気に入るものをすべて作り出したが、彼らはどうして旧約聖書の有名なものを忘れていたのかを、私に尋ね求めるものがあるかも知れない。それに対して私はつぎのように答えるほかない。彼らはそれらから大きな利益をあげることが期待できないので、それらを軽蔑したのである。それでも彼らはそれらをまったく忘れていたのではない。なぜなら彼らはアブラハム[175]、イサク[176]、ヤコブ[177]の遺骨がローマの聖マリア・スプラー・ミネルワム教会に所蔵されているというからである。ラテラノの聖ヨハネ教会に、彼らはアロンの杖[178]と契約の箱[179]を持っていることを自慢している。ところがこの杖はサント・シャペル教会にもあり、またその小片がスペインの聖サルバドル教会にもある。このほか、ボルドーのひとびとはその聖セウェラン教会に顕示している聖マルティアリス[180]の杖はアロンの杖と同じであると主張している。彼らは神の向こうを張って新しい奇蹟を行なおうとしたと思われる。というのはこの杖は神の力によって蛇に変化した[181]のであるが、いま彼らはそれを三本の杖に変化させているからである。彼らは旧約聖書のほかの多くのがらくたを持っているかも知れない。しかしこれらはほかのものと同様、彼らが忠実に行動したまでであることを指摘するには、その問題についてすでに述べたことで十分である。

いま私は読者に最初に述べたことを思い出すことを願う。それは私が先に述べたように、すべての国々の聖具室の調査のために使者を派遣できなかったことである。したがって私が述べた聖遺物は発見できるあらゆる登録簿または完全な目録であると考えてもらっては困る。ドイツについて私はほぼ半ダースの町しか挙げなかった。イタリアは約十五、フランスは三十ないし四十である。しかも私はそれらが存在する町をことごとく知っているわけではない。したがってもし全キリスト教国にある多数の聖遺物を順序正しく列挙するならば、どのようなごたまぜができるか、それぞれのひとびとの推測に任せるであろう。私は我々が知っている、また我々がしばしば往訪する国々だけについて言っているのである。なぜなら大切なのは我が国に存在するイエス・キリストや預言者たち(182)の聖遺物のすべては、またギリシアにもアジアにも、またその他キリスト教会の存在する地方に見出されることを注意すべきである。ところで東方教会のキリスト教徒が我々が持っていると考えるすべてのものを彼らも持っているというならば、ひとはどのような結論を下すことができるであろうか。たとい彼らに反対して、我々がある聖者のからだは商人たちによって、その他は修道士たちによって、その他は司教たちによって運んで来られたとか、いばらの冠(183)の一部はコンスタンティノープルの皇帝からフランス王に贈与されたとか、その他は戦争で略取したとか、またそれぞれの小片についてこのような主張をしても、彼らは馬鹿にして頭を振ることであろう。この争いはどのように解決すべきであろうか。疑わしい言い分は推測によって判断しなければならないであろう。この点で、彼らの方がつねに勝利を得るであろう。なぜなら彼らが彼らの側に都合の良いように言うことは、我々の側から主張できるすべてのことよりいっそう真実らしいからである。それが聖遺物を弁護することを欲するひとびとには真偽の解明に骨の折れる点である。

終わりに、私は真理が彼らに明白に示されるかぎりそれに従うことを欲し、また哀れなひとびとを欺くことを欲した連中が彼らの虚偽をことさらに目立たないようにしようと考えなかったほど、彼らは盲目にされていたが、それは神の奇しき摂理によって行なわれたことを承認せんと欲することを、すべての読者に神の名において願いまた勧告する。しかし彼らはかつてミディアン人が目を暗まされ、たがいに同志打ちをした(184)ように、彼らは争い、たがいに相手を否認していることは我々の見るとおりである。すべての理性を故意に嫌悪することに慣れることをまったく欲しないものはだれでも、聖遺物を崇敬することはたといそれが本物であれ偽物であれ、たとい憎むべき偶像崇拝であることを十分に教えられなくても、それにもかかわらず、ひじょうに明らかな虚偽を見るとき、ただ一つの聖遺物にも接吻する勇気を決して持たないであろうし、また以前にはどのように厚い崇敬をしていても、それに対してまったく嫌気を起こすであろう。

大切なことは、私がはじめに述べたとおり、イエス・キリストや聖者たちの聖遺物を聖列に加え、それらを偶像とするような、この異教的迷信を我々キリスト者のあいだから払拭することであろう。このようなことをしているのは堕落であり不潔であって、教会において黙認していてはならない。我々はすでにこのことを論証と聖書の証言によって明らかにした。もしそれに満足しないひとがいるなら、古代の教父たちの慣例に注目し、彼らの模範に従うのがよい。かつて旧約聖書には多くの聖なる族長、多くの預言者、聖なる王、その他信仰厚きひとびとがいた。神はそのころ我々が現在守らねばならない儀式よりはるかに多くの儀式を守ることを命じた。とくに埋葬はいまよりいっそう盛大にしなければならなかった。というのはそれは光栄ある復活を外形によって表現しようとしたためで、我々におけるように復活はいまだ言葉で明らかに彼らに教示されていなかったからである。我々は当時聖者たちを彼らの墓から発掘し、それを子供くさい人形に仕立てたと読むべきであろうか。信仰あるすべてのものの父、アブラハムはかつて祭壇に上げられたことがあろうか。また神の教会の王妃、サラ[185]はその墓から掘り出されたことがあったか。彼らはすべての他の聖者とともに休息したままに残されているのではないか。さらに、モーセの遺体は神の意志によって隠され、ついに発見することができなかったのではなかったか。聖ユダが語[186]るように、サタンはこのことのために御使《みつかい》と論争したのではなかったか。なぜ我々の主なる神は人間の目から彼を取り去り、悪魔はそれを奪回せんと欲したのであろうか。すべてのものが告白するように、神はイスラエルの彼の民族から偶像崇拝の機会を取り去ることを欲したからであり、悪魔は反対にそれを確立することを欲したからである。しかしイスラエルの民族は迷信に陥りやすかったと、あるひとは言うであろう。それは我々のことではなかろうか。この点についてユダヤ人のあいだにかつてあったより以上に、キリスト者のあいだに大きな間違いはまったく無いのであろうか。古代教会に行なわれていたことを見よう。信者たちは殉教者の遺体を貰い受け、野獣や鳥に食べられないよう、彼らを礼儀正しく埋葬することにつねに苦心したのが真実である。バプテスマの聖ヨハネ(187)や聖ステパノ(188)はこのように丁重に埋葬されたことは我々の読むとおりである。しかしそれは復活の日まで彼らを地中に埋めそこに残しておくことだけが目的であって、それらをひとの目にさらしそれらの前にひとびとを拝跪《はいき》せしめることが目的ではなかった。それらを聖列に加えるこの不幸な栄誉は教会には決して入って来なかった。しかしついにすべては堕落した。なんと汚されてしまったことであろう。そのことはあるいは高位聖職者や司牧者の愚劣な行為によって、または彼らの貪欲により、またはその悪習が容認され、それにひとびとは抵抗することができなかった。ひとびとは神の真の礼拝よりむしろ他愛のない愚行に心奪われ、惑わされることを求めた。

したがってこれは初めが間違って理性に反して行なわれたので、この誤謬を正しく矯正せんと欲するものは、これを根こそぎ打破しなければならないであろう。しかしもし直ちにこの理解に到達することができないとしても、少なくとも偶像崇拝から真の礼拝へ進み漸次顕示されている聖遺物なるものがなんであるかを見きわめるため目を開けてほしい。さて、真理に従順であることを欲するものにとってそれを見抜くことは至難のわざではない。なぜなら私がさきに指摘したように、ひじょうに明白な虚偽のなかから、どうして真の聖遺物を選択し確実であると認定することができるであろうか。さらに、その他残りのものと比べると、私が接触したものは大した数ではない。さらにこの小冊子が印刷されているとき、私は我々の主の第三の包皮がヒルデスハイムに顕示されていることを知らされた。それはさきに私が記述しなかったものである。このようなものはいくらでも存在するのである。結局、聖遺物を調査すれば、それらは枚挙することのできるすべてのものよりさらに百倍も多く発見されるであろう。したがってすべてのものはその場所において、それらを思いのままにのさばらせ放任しないように考えるべきで、あたかも安全な方向に通じる道や小径《こみち》を見分けることができないで野原を彷徨《ほうこう》する野獣のようにさせておいてはならないのである。私は子供のころに見た我々の教区の人形に対して行なわれた慣習を思い出す[189]。聖ステパノの祝日[190]が来ると、彼に石を投じた暴行者たち(彼らをふつうの言葉でそのように呼んだ)の人形をステパノの人形と同じように帽子やリボンで飾った。素朴な女たちはこのように飾った暴行者たちをこの聖者の仲間と見なし、かくしてすべてのものは彼らにろうそくを献じた。さらに、そういうことは聖ミカエルと戦った悪魔[191]に対しても行なわれた。すべてはひじょうに混乱し雑然としているので、いくらかの山賊またはラロン[192]、または驢馬《ろば》、犬、馬の骨を崇拝する危険なしに、殉教者たちの骨を崇拝することは不可能であろう。ある娼婦の指環《バーグ》を崇拝する危険なしに、聖母の指輪《アノー》または彼女の櫛を崇拝することも不可能であろう。したがって聖遺物を欲するものはその危険を警戒せよ。なぜならだれも今よりのち無知を主張して口実とすることはもはや不可能であろうからである。

聖パウロは「テサロニケ人への第二の手紙」の第三章において、(193) 永遠に賛美される創造者をすこしも敬うことを欲しないで被造物に仕えるのはまことに神の懲罰である。また真理に従うことを欲しないものが虚偽に陥るのは当然である。

占星術への警告

今日この世に流行を極める判断的と言われる占星術とその奇妙な事柄に対する警告

聖パウロはひじょうに大切な事柄を我々に説いているが、それを心にかけるひとはごくわずかである。良心に従って道を歩むことを考えないひとは信仰から逸脱しまたさまよう。悪に熱中し彼らの良心を汚すものは、神の純粋な認識によって支えられるにふさわしくなく、むしろさまざまな過誤と欺瞞によって誘惑され盲目にされて当然であることを意味する。毎日我々はそのことを目《ま》の当《あ》たりに多く経験しているのに、それについてあまり考えないのは驚くべきである。その真理をいくらかでも経験したものから、神は決してそれを奪い去ることのないのは確実である。もっとも彼らがそのことを受けいれないで、またさらにそれを愚かな野心または他人の肉体の感情によって欺く場合は除かれる。事実、金《かね》を持つものはそれを確実に守って多くの配慮をする以上、神が我々を豊かにした福音の評価を絶したこの宝は良心のなかに仕舞いこまれるのは当然である。良心は福音を確実に安全に保管する、言うならば、まことの金庫で、それはサタンによって我々から奪い去られることはない。またそこに何が起こるか。大方のひとは他のひとと何かを一緒に話し合うためにただ神の言を利用する。あるひとは野心によって導かれ、他のひとはそれによって彼らの利益を得ようと考える。ちょうど貴婦人に接近する目的でそれによって歓心を得ようと思うのと同じである。多くのひとはほかのひとがそれに関心を寄せるのは恥ずかしいことであると思い、また彼らの無知によって軽蔑されることを除けば、彼らはどんな目的でそれを理解しようと欲するかを知らない。ほとんどすべてのひとは、またはわずかの例外はあるが、この救いの教えを、どんなものか私は知らないが、ある世俗哲学に転換している。それは神の堪《た》えがたい冒瀆《ぼうとく》であって、神の言葉はあまりにも神聖であって、それをこのように悪用されてはならないからである。使徒の言うように、それは鋭く、人間のうちにあるすべてのものを、まことに骨の髄にいたるまで調べるため、心を刺し通すほど力がある(「ヘブル人への手紙」四章一二節)。もしひとがそれでもってはしゃぎまわりまたそれを冗談のために利用するならば、神はその力に対するこのような侮辱に耐え忍ぶことを欲する、と我々は考えるであろうか。聖パウロの言うように(「コリント人への第一の手紙」一四章二五節)、それは自らを咎《とが》めまた神に栄光を帰して謙虚になることを学ぶひとを責めるに違いない。もしひとがそれを高慢と虚《むな》しい栄光へ転じるならば、これは重大な罰を受けるに値するその悪用ではないだろうか。それは我々のうちの我々に属するものを改革し我々を神の姿に変えるに違いない(「コリント人への第二の手紙」三章一八節)。もしひとがその蔭にあって彼らの悪徳のうちに自らを保つ機会を捉えるならば、それは単に食物を毒物に換えるそのような誤謬に対してばかりでなく、また健全な生活の規則をすべての悪の放縦に役立たせるそのような瀆聖行為を神は懲《こ》らしめないであろうか。福音の真理を識《し》ったと言われる大部分のひとびとの生涯を詳細に理解する必要はない。要するにあるものは良くはならないで、むしろさらに悪くなるのが見られる。その他のものはつねに従来の道をたどり、少なくともそこにあまり変化は認められない。聖パウロは、キリスト教徒にとって必要な回心について、また彼らが神の子の姿に改革されるとき、彼らの新しい生活から生じる果実について、「盗んだものはもはや盗んではならない」(「エペソ人への手紙」四章二八節)、と語る。それによってたとい我々は悪の道をたどっていても、神が我々にその意志をはっきりと知らせる恩恵を与えるとすぐに、我々は引き返さねばならないことを意味する。その代りに、今日キリスト教徒と称せられるひとびとは躊躇《ためら》わないで少なくともほかのひとびとの同類であるとされることを免かれるのである。ちょうど放蕩に慣れたものは必ずその醜行を続けないではおられないようなものである。賭け事と冒瀆行為は以前と同じくらいに彼らのあいだに溢れているのである。余計なものと華美、傲慢、野心またあらゆる虚栄のほかには役に立たないと見られるにしても、どうでもよいことだと弁明される。さらに、それぞれはそれぞれの福音を別に持ち、それを自分の欲するままに作り上げる。したがって裁判所のひとびとの福音、また司法官および弁護士の福音、また商人の福音のあいだには、種々違った鋳型で鋳造された貨幣のあいだにあるように、すべては同一の記号を持っている、すなわちこの世に属しているだけであって、大きな差異が存在するのである。それらはイエス・キリストとの一致がまったくない。彼は我々をこの世から離すことを欲するのである。

したがってこのように福音の教えを汚すものが混乱に陥るのはまことに当然であり、また神は彼らをすべてのものの嘲笑にさらすのも当然である。というのは彼らは神の聖なる名を瀆《けが》す原因となっているからである。また神は彼らを茫然自失させまたあらゆる理性また思慮分別を失わせるのも当然である。したがって彼らは天国の御使たちの驚嘆する、この知恵を利用することはできなかったのである。したがってそこから今日多くの狂った幻想が生まれ、またさらにそれらがあたかも天から来た啓示であるかのように受け入れられている。要するに、その尊大さがあらゆる異端、馬鹿げた妄想、間違った有害な意見の直接の根源であって、神はその真理に服従させるため、正しい規則をまったく守らないひとびとを多くの馬鹿げた行為に陥らせても不思議でない。神の真理に服従することは神を恐れ謙遜であることである。しかるに、この悪徳はかつてあったと同じように今日一般的であるので、我々はまたそれから生じる果実がなんであるかを知っている。すべてのひとのあらゆる過失はひとびとが神の聖なる言葉を辱《はずか》しめた結果である。したがってそれは重大な刑罰に相当する。とはいえ私の意図はそのすべてについて長談義をしていることはできない。その数は限りなくあるからである。したがって私はただ一つの例をもって満足するであろう。

さて長いあいだ人間に起こるすべてのことがらを星によって判断し、またそれに問いまたしなければならないことがらを相談するという愚かな好奇心がある。我々は以下にそれが悪魔の迷信であることを明らかに示すであろう。実際、それは人間にとって有害であるとして異議なく排斥された。それが今日再び勢力を盛り返し、したがって自ら機知があると思い、それによって名声を得た多くのひとびとのほとんどがそれに魅惑されている。たとい神が我々にその純粋な福音を我々の時代に啓示しなかったとしても、しかしながら、神は人間の知識を向上させ、それが我々の生活の行動に適切また有益であり、また我々の利益に役立ち、また神の栄光のためにも役立てることができるのであるが、堅固にして十分根拠のある事柄に満足しないで、自惚《うぬぼ》れた野心によって空高く舞い上がることを欲するひとびとの忘恩を彼が罰するのは至極当然であろう。さて神は我々につぎの二つをすべて与え、すなわち我々に技術と知識のすべてを委《ゆだ》ね、またとりわけ我々に彼の天国の教えの純粋な認識を回復させ、我々を彼にまで高くしまた我々を彼の深く驚くべき秘密に導き入れたのである。したがってもしだれかがそれらを利用しないで、その境界のなかにあるよりむしろ分野を越えてさまようことを愛するならば、彼らは二重に刑罰を与えられて然るべきではないだろうか。彼らがなんの役にも立たない、自らが悩まされるばかりの下らない悪習に彼らのあらゆる熱意を傾けるほど遅鈍またはむしろ愚かになるならば、結局はどんなことになるか。彼らは美しい題目を掲げてひじょうに愚かな迷信をごまかしていることを知っている。だれでも占星術の学問が尊敬すべきものであることを否定することはできない。したがって彼らはこの上衣《マント》を着用して、自分たちを数学者であると名乗る。この語は自由学科[1]の教授であると言うのと同じである。それはすこしも目新しいことではない。というのは彼らの先輩たちは世間を欺くため同じことを主張したからである。しかし我々は占星術でもいかなる学問でもない、すべての彼らの馬鹿げたことになんらの根拠もないことを目の当たりに見るであろうとき、これらの仮面が我々を驚かす機会はまったくなく、ただ幼児を怖がらせるだけなのである。知識のあるすべてのひとには、それについて注意したり教えたりする、私の警告はまったく必要でない。したがってこの短論文はむしろ単純なひとを対象とする。というのはかかるひとびとは真の占星術と魔術師または魔法使のこの迷信とのあいだを区別することができないで、容易に騙《だま》される恐れがあるからである。

さて、第一に、真の占星術はどこまで拡大されるかを見るであろう。それは神が恒星や惑星に、それらの任務、特性また力を判断し、またすべてのことを神の目的と慣行に帰するために、与えられた自然の秩序と配置についての知識である。我々はモーセが、神は太陽と月に昼と夜、月、年また季節を支配することを命じた(「創世記」一章一四節)、と語っていることを知っている。それによってモーセ[2]は農耕と政治についてのすべてを理解したのである。彼が語るこの統治と経営について、無学のひとでさえそれについていくらか趣味と理解を確実に持っていることは真実である。しかし占星術の学問は、結果のほかにまた原因をも教えるのである。たとえば、ひじょうに粗野で無知なひとでも昼は冬において夏におけるより短く、夏は暑く冬は寒いことをよく経験する。しかし彼らはそれがどうしてまたなぜそのようになるのかを判断することができるほど高尚ではない。日蝕や月蝕はすべてのひとに知られている。しかしそれらを学説によって学ばなければ、その原因は隠されているのである。天に星が存在するのを見るためになにも学校へ行く必要はない。しかしそれらの運行、それらの回転、それらの出会い、またその他の類似の事象の性質を理解することはすべてのひとにできることではない。なぜならそれは特別な知識を必要とするからである。したがって占星術は惑星と恒星の運行を測定するときに役に立つのである。その時間ばかりでなくその秩序とその位置についても同様である。時間はそれぞれの惑星また天空が回遊を果たすためにどれだけの期日を必要とするかを知るためであり、位置は真っ直ぐ、斜めまたはほとんど反対の運動を見わけるためであって、それによって太陽はなぜ冬において夏におけるより我々からはるか遠くにあるかを、太陽はなぜ夏には冬におけるより我々の上にいっそう長く留まるかを証明することができ、黄道十四宮のどこで、毎月、ほかの惑星とどんな出会いをするかを、接近したり満ちたり欠けたりすることによって測定することができるのである。蝕はどのようにして起こるか、しかもその段階、分時《ふんじ》を測定することまで可能である。こういう基礎が存在するので、我々が以下に見る結果が続いて起こるのである。それらは占星術によって天上に由来することを、またそれらが起こった時間ばかりでなく、それらの起こるまえに予告することができるのである。雨、雹《ひょう》、また雪を見たことのないものはない。風の音を聞かなかったものもない。しかしいかなるものも占星術の手段に因《よ》らないで、それらの原因は分からない。それらは、私がすでに述べたように、将来へのいくらかの推測さえ与える。もっともそれから永遠の法則は作れない。したがって私は別の原因から起こるその他の偶然の出来事によって妨げられない通常の運行について語る。

さて、これこそ我々が詳細に論じなければならない主題の要素である。というのは我が偽りの占星術家たちは真実である原則を用いるからである。すなわち地上の物体また一般にすべての下界の被造物は天上の秩序に従属しそれからなんらかの特性を受ける。しかし彼らはそれを甚だしく悪用する。たしかに、自然的占星術は地上の物体が月からなんらかの影響を受けることを教えている。というのは牡蠣《かき》は月とともに一杯になったり空《から》になったりするからである。同様に、骨は月が満ちたり欠けたりすることによって髄が満ちたり減ったりする。また医師に刺絡《しらく》や飲み薬、丸薬またその他を適当な時に処方する判断をさせるのは占星術の真の知識である。したがって恒星または惑星と人体の状態とのあいだになんらかの一致が存在することは十分に認めなければならない。私がすでに述べたように、これらのことはすべて自然的占星術によって理解される。しかし偽りものたちはこの技術の陰にかくれて、いっそう先に行くことを欲し、それによって彼らが判断的と称する別の種類の占星術を捏造《でつぞう》した。それは主要な二つの項目から成っている。［第一に、］それは人間の性質と気質ばかりでなく、また、ひとのいう、彼らの一切の意外な出来事、また彼らの生活において行なったりまたは堪え忍ばねばならないことのすべてを知ることであり、第二に、あるひとが他のひとと取り引きを行ない、また一般にこの世のあらゆる状況から、彼らが取り掛かろうとする計画はどんな結果をもたらすことになるかを知ることである。

まず第一に我々は誕生によるひとの気質について論じる。真理の外観をいくらか借りるほど重大な恥知らずの虚偽はないのであるが、私は率直に、ひとの気質またとくに彼らの性質に関係する感情について、それらはいくぶん星に依存し、または少なくともそれといくらか一致が存在することを認める。ちょうどあるひとは冷静であるより怒りっぽい傾向が強い、またはその反対であるごときである。けれども、ここになお注意しなければならないいくつかのことがある。我が数学者たち(3)は、私は彼らに語るが、生誕の時間によって彼らの判断を下す。ところが発生の時間こそ多く考慮すべきで、それはたいていの場合は分からないと私はあえて言う。なぜなら母親は懐妊したことによる分娩の確実な時を知らないのがつねだからである。もし分娩において、懐妊においても、星は人間になんらかの性質を刻みこむために大きい力を持つものでないことを確信するならば、彼らはなんと反論できるであろうか。私はさらに言うが、星はその影響によって我々に性格を与え、またはその影響は誕生から決して来ない場合があるのである。また事実、多数の経験がそれを証明する。ペルシウス(4)がかつて言ったことは理由のないことではない。

星位よ、汝は異なる
性質の双生児を生む(5)。

これは同じ星位の下にある二人のものが異なる性質を持って生まれるということである。そのことは双生の兄弟においてさえつねに見られ、あたかも彼らは星の位置がまったく正反対であったかのように、それぞれ異なっているのである。出生によってある人間の性質を確実に判断するには明瞭に記録された気候の度盛りを持たねばならないし、加えてさらに出生占星術家(6)たるものは天文観測儀を持たねばならないとまでは私は言わない。というのは時計を信頼することは確実に不十分だからである。というのは分秒がわずかに狂っていても星の観測に大きな変化が見出されるであろう。しかし懐妊または出生によって判断しなければならないにしても、[男女の]性は被造物におけるすべての他の性質をまったく乗り越えないものか、私は尋ねたい。ところで同じ瞬間にまたは同じ腹に男子と女子が身籠もり、またある瞬間にある女は男子を、他の女は女子を生むことがあろう。主要な点であるこういう多様性はどこから来るのか。恒星や惑星にはこれらの輩《やから》が信じさせようと欲するような力はないのである。もし比較しなければならないならば、父と母の種子はすべての星が持つより百倍以上も力ある影響を持つのは確実である。それにもかかわらず、影響はしばしば衰え、またその状態の変化するのが見られる。反対の性質の妻をそれぞれ持つ、同じようにひじょうに異なる性質の二人の夫の場合を取り上げて見よう。彼女たちが同じ時間に子供を生んだとする。そうすると、子供たちは通常彼らの父と母のそれぞれの性格を、彼ら二人がともに同じように持った星の視座よりむしろ多くを受けるであろう。その理由はひじょうに明白であって、健全な判断のいかなるものもそれに異論をさしはさまないであろう。したがって天上の被造物が人間に与える影響についてはなんと言ったらよいか。私が先に触れたように、星は性格、またとくにからだに関係するそれを形成するために確かにいくらかの一致を持つことを私は認める。しかし主要なものがそこから来ることを私は否定する。私は下等といわれる自然的原因に触れれば、［第一に］種子は子供が生まれるまえに作られ先行し、それはひじょうに重大であると私は言う。第二に占星術家は発生によってよりむしろ出産によって判断しまちがった根拠に基づいているのだと私は言う。というのは彼らに発生は知られないからである。第三に私が言うのは、神は多くの特別な恩恵によって働き、彼らの性質を形成するが、星座はそこにまったく関与しないし、または少なくとも人間に分からないようにそこにぼんやりとなにかするというのでもないということである。それが自然の傾向である。しかしもし我々が神はその子らに恩恵を与え、そのとき彼らをその霊によって改革しまた彼らが新しい創造物と称せられるにふさわしく変化させせられるとすれば、惑星のすべての視座はなんの役に立つのであろうか。神はその永遠の選択の基礎をそこに置いたのであろうか。もし出生占星術家がそれらを下等な手段として十分に用いることが可能であると主張するならば、それはあまりにも愚かな詭弁である。神は彼が選ぶことを欲したひとびとをふたたび生まれさせるとき、彼はいかにこのような考え方から予定どおり我々を救い出すことを欲したかを我々は見るのである。そのことを我々はまさにヤコブ(7)において実例を持つ。というのは、エサウが先に生まれて排斥されたのはなんのためであるか。神は自然の普通の秩序を破り、我々をいっそう高めることを欲し、それによって我々が他の原因を求めて気を反《そ》らすことがないように、彼の意志だけをじっと見つめる眼を持たねばならないことを我々に勧告しているのである。我々はただ、神は、ひとびとがまったく新たになるように彼らを招き、彼らを改革する、ということの言葉にのみ留まろう。それはサウル(8)についても言われる。神は彼を王に立てる配慮をし、それまでの彼とはまったく別のものに仕立てようとした。そのことはある星座のために起こったのではまったくなく、神は自然の経過を外《はず》しまた超越して彼に働いたのである。もし神がこの世の統治のために選択した人物をこのようにするならば、神が彼の子らまた天の国の継承者たちとして選択したひとびとについてなにがあるであろうか。たしかに、それはすべての天空を乗り越えなければならないのである。また事実、再生を超自然的な神の働きであることを否定するものはすべて、不信の徒であることを現わすばかりでなく、公然とキリスト教の信仰を放棄するものである。この理由によって、我々はこの世に関係あるもの、またこのからだに属するもの、また自然の第一の傾向から起こるものに対する星の力を制限しなければならない。しかし神が通常の手段を用いないでそれぞれのひとに特別に付与するもの、またさらに彼がその選択したひとびとにその聖霊によって更新して行なう改革だけは除かれるのである。

しかしこの偽りの占星術は人間の品性と気質を規定することですこしも満足せず、その判断をいっそう前進拡大し、ひとびとに対してその全生涯に起こるであろう事柄を、また彼らはいつまたいかに死ぬはずであることも占う。それはまったく無鉄砲というのほかなく、そこには理性の一片すら見いだせない。なぜなら星は人間にせいぜいいくらかの性質を記しつけるはできるであろうが、しかしこれもあれもいつかのちに彼らに起こるであろうことに対してなにも働きかけることはできないのである。したがって出生占星術家はあるひとが富を集めるために苦労と勤勉を必要とすると判断することができても、遺産が彼に転がり込むことまで予測することはできないであろう。なぜならそれは彼以外の他人の意志または条件によるからである。ところで仮面を被ったこれら数学者たちは財布を空《から》にしまた耳を満たすのが巧みである(9)と昔から言われてきたのはこのためである。彼らは幸運を語るにあたって、一度ひとびとを魔法にかけたあと、奇妙なものに風をあて彼らが欲するもののすべてをそこから取り出す。そこで彼らはある男に何人の妻を持つことになるかを語るであろう。もちろんのことである。しかし彼らはその男の星に彼女がどれだけ生きるであろうかを知るために、彼の最初の妻の誕生［の星］を発見するのであろうか。この手段によって妻たちはもはや彼女らの本来の誕生［の星］を持てない。なぜなら彼女らはその夫たちの誕生［の星］の支配を受けるからである。要するに、そのことによってそれぞれ個人の星占い《オロスコプ》(10)はある国のあらゆる状態の判断を含むはずである。したがって彼らは、あるひとが結婚して幸福であるかどうか、彼は野原を歩いているとき良いまたは悪い巡り合わせがあるかどうか、どんな危険に陥るか、彼は殺されるかまたは病気で死ぬかどうかを判断することのできることを自慢する。我々はいま生存中にどれだけのひとと関係をもつかを見よう。もし数学者たちが彼らの意志とその運勢を意のままにすることができないならば、彼らはなにを我々に約束することができるのであろうか。私の述べたことは真実であって、彼らが表明するように彼らはあるひとについて判断することはできないし、彼の誕生［の星］は彼らにとって彼が付き合うすべてのひとびとを映す鏡にはならないのである。もしそういうことが為しえられるか、またもしいくらか真実らしいことが存在するかどうかは理性によって判断すればよい。

したがってあるひとの出来事をそのひとの誕生［の星］によって知ることを試みるものはすべて、原因がほかのところから来るかぎり騙《かた》りであると私は結論する。私が持ち出しうるかぎりの実例のすべてをこまごまと述べればひじょうに長くなるので、私は一つだけで足りるとしよう。一回の戦闘においてしばしば六万人近いひとが戦没する。私はひじょうに大きな敗北でなく、ひじょうにしばしば起こる敗北について語る。さて私は彼らの死が誕生におけるのと同じ星に連結しているということをすべての戦没者に帰さねばならないかどうかを尋ねる。あるひじょうに珍しいことは、ある技術のふつうの学説に背くものではないと彼らが言っても、それはすでに拒否すべき言い逃れに過ぎない。私は彼らにふつう有り触れた事柄について話す。歴史はスペインにおいて約二十回の戦闘で三十万人も死んだと語る。もっと以前を調べるまでもなく、一緒に倒れたひとびとの星の視座は誕生のときにはさまざま違っていたことを率直に判断できないのはだれであろうか。したがってそのような多数のなかに、山羊座と牡羊座と牡牛座のすべてがそこに混乱していて角《つの》をぶっつけ合わせ、水座はその水を洪水のように大量に噴出し、乙女座は処女性を失い、蟹《かに》座はあとずさりし、獅子座は気付かれないように尻尾でうしろを打ち、双子座はまったく一つのように重なり合い、射手《いて》座は謀反《むほん》を起こして弓を発射し、秤座は不正確であり、魚座は水底にかくれ、泡はもはや見られなかったのである(11)。

さらにまた、彼らはあるひとの誕生において彼らの翼を拡大したことにすこしも満足しないで、また星の現在の視座によってあらゆる企図の判断またはむしろ占いをも侵害している。したがってもしだれかが現在いるところから百リュー[12]隔たっているところへ旅行する場合、占星術家氏はいつ出かけるのが良いかを知るために天に伺いを立てる。そしてこの哀れな愚かものは彼に好結果を約束する星がその支配の外にあるのにかかわらず、彼の家族の無事息災を見いだすために十五日あとに出発したらよいとする。私が諸君に願うのは、もし星が人間の計画を導く力を持つとするならば、そのことが行なわれる時刻を支配する星を我々が注視する必要はないか、ということである。もし私が海の彼方にいるひとから商品を買いとらねばならないならば、私の出発を支配する星は私に好結果をもたらし、また取り引きが行なわれるとき支配する星はそのことについてなにもできないというのはなんとも可笑《おか》しなことであろう。私はファルネーズ枢機卿[13]について語られる話を思い出す。彼は「ある占星術家の勧めに従って」彼の館にあって幸福を得るため、食事を中止し直ちに馬に乗ることを強いられた。もし彼がゆっくり食事をし二時間後《おく》れて出発し、夕方になってその館に到着したならば、なにが彼を早くしまた後らせたのであろうか。大切なのはこのひとがたまたま急いだときの星の位置を知ることである、とだれが考えないであろうか。私はそれを信じるかどうかが問題であると言う。しかしすべては誤謬にほかならないことを認めるのは容易である。私は地位のある数人の気紛れな連中が星に暇乞《いとまご》いするまえに彼らの牝騾馬《めすらば》に乗る勇気がないということを聞いた。私はそういうことが上級裁判所の判事である場合を取り上げる。集合のきまった時間があって、そのとき同じ規則に従うものは約二十人である。しかし彼らの星はそれぞれ違うであろう。法律は彼らを一緒に召喚する。彼らはなにをなすべきであろうか。もしひとが占星術に支配されるならば、どんな訴訟事件も決して片付かない。というのは三人の裁判官は弁護を聞くために一緒にそろって出会うことはありえないからである。したがって彼らを特別に出会わせるためには星を動かすか、またはすべての秩序を覆《くつがえ》さねばならないであろう。しかるに、神はこの秩序を承認し、したがって天空の状況は顧慮しないで、正義を守り、彼の言葉を聞き、その秘蹟を受ける確実な時があることを我々は知っている。もし星に見とれて神の秩序を無視しまたおのおのが人間の共同体に順応することなくそれから外《はず》れることがあるならば、神はみずからに反するのではないだろうか。もし神が自然において定めた秩序に違反しないが、一つの点で彼に服従することができないならば、すべてのものをコンパスを使ったように、巧みに秩序立てられたこの測りがたき［神の］知恵はどこにあるのだろうか。このようなひとびとこそ、小間使の物笑いになった古代のある哲学者(14)に当たるであろう。彼は星に熱中し、足下に気を付ける余裕を持たないで、足を踏み外して穴に落ちた。そのとき彼女は彼に、我々にもっとも近いものを考えることほど良いことはない、と言ったという。私は真の占星術家に対してこのような冷笑を浴びせることは欲しない。彼らは神を賛美しまたそれを我々の用に役立たせているのは良いことであるが、我々に天の秘密を知らせようとする彼らの労苦はすこしも称賛できない。しかし雲の上を散歩し、彼らの本務を怠り、神が彼らをなんのために招いたかをすこしも考えないで、彼が彼らに指示する道を逸脱し、彼らが隣人のために負わされている義務を忘れ、空想を弄ぶ気違いどもに対して、我々は彼らの虚しさを嘲《あざけ》り、また神も彼らを躓《つまず》かせるばかりでなく、ついには彼らの首を完全に打ち砕き、彼らを辱《はずか》しめるのは当然ではなかろうか。

出生占星術家の諸氏は我々のすべてを彼らの天文学の支配に服従させ、この世の普遍的状態に対して同じように権力をほしいままにしているのである。ところで私がさきに論じたように、地上の物体は天空と一致し、ひとは星において地上に起こる事柄のなにかを十分に気付きうることを、私は告白する。なぜなら天の影響はしばしば暴風、旋風、また種々の天候、また長雨の原因になるからである。したがってそれは不妊や疾病を起こすことになる。そこでひとがある秩序またいわゆる上界と下界との関係を見るかぎり、この世に見られる出来事の起源を天上の被造物に求められることに私は反対しない。私はこの起源を、第一のまた主要なものとしてでなく、神の意志より下位の手段であると考える。まことにそれを神は彼の永遠の計画において決定したように彼の事業を完成するための準備として用いるのである。それにもかかわらず、我々がこの地で見るであろうペストと占星術によって天上に認められる星座とのあいだにしばしばある一致が存在することを我々はまったく否定してはならない。しかしそのことは決して一般的でない。なぜなら選択がダビデに残されたとき、ダビデはそれを神の三つの笞のうちから選ぶことを欲してペストを選んだ。そのことが星から起こったなどと決して言ってはならない。同様に、エリヤ(15)の時代にシリアまたイスラエルに激しい飢饉(16)が襲来したとき、またその地にひじょうに長い旱魃《かんばつ》が続いたとき、星がその地方に配置されていたかを探求することはひじょうに愚かなことであろう。それは異常な奇蹟であったのである。また我々はこの前例をとりわけひじょうに稀なことであるとしてはならない。神はモーセ(17)［の書］において大まかに語っているように、人間に降りかかるすべての災難は彼の宝庫のなかに隠されているのである。したがって神は人間の罪を罰するため彼の公正な判断に従ってそれらを取り出すのであるが、もし人間がその悪意によってあたかも［神の］箱のなかに仕舞われている神の怒りを齎《もたら》すことがなければ、それらを閉じこめておくことを意味する。また事実、このほかにすべての預言者の共通の教えはない。すなわち神は我々のために天と地を青銅のように不変なものにしたのである。したがって神は我々の罪に原因を帰して、すべての星座［の影響］は除外されるのである。戦争について、それはどうして起こるのか、星にその理由を尋ねることは正しいことではない。それは不正を罰する神の懲罰でもあって、星にはまったく関係がない。我々の主はアブラハム(18)に対してカナンの地をその子孫に与えることを約束して、その期日はまだ来ていないと言った。星の視座がいまだそのようになっていないと述べているのではない。彼はなんと言ったのであろうか。彼はアモリびとの不義がまだその極度に達していないと言っているのである。[19] したがって木の実は熟したときに収穫するように、我々の罪も神の懲罰を熟させるに至っていないのである。

いま我々は人間どもの不信仰とその罰が星に由来するかどうかを検討するであろう。かつてそれを想像したある空想家たちがたしかに存在していた。しかしこの空想はすべてのひとから当然排斥され、またすべてのキリスト教徒が憎悪しなければならない悪魔の発明とさえ見なされた。実際、それは聖書が完全に打倒されないかぎり、神が冒瀆されないかぎり、また人間に悪事の手綱をゆるめさせないかぎり、容認することはできないのである。したがって私はこの問題は結論が出たと考える。すなわち地上にあるいかなる国であってもそこに行なわれる神の蔑視や放埒《ほうらつ》は星にはまったく関係がない。したがってそのような原因のために起こる神の報復もまた星に帰すべきではない。神は人間を懲戒するために自然の手段を巧みに用いることがありうると反論するものがあれば、私はそれを否定するものではない。しかしそれは絶えず繰り返される秩序によって星がそこに準備されてなされると言うべきであろうか。そんなことではなく、神は紅海やヨルダン川を干すことを欲するとき、そのために適切な風を利用することを欲したが、風はある星座によって惹《ひ》き起こされたのではなく、神は直ちに風を起こしたことが語られているのである。[20] とはいえ神は良いと思うならば、星の性質と特徴を彼らのために用いるということに、私は喜んで同意する。ただ私は飢饉もペストも戦争も星がそのために配置されていて起こるのではないと言うのである。もっとも神が人間の悪意に対してその怒りを表わすことを欲する場合は別である。かえって豊かな幸福、すなわち健康と平和は星の影響によるのではなく、神の祝福によって生じるのであって、あるいは神はそのような柔和さによって我々に悔い改めを勧め、また励ますことを欲し、あるいは神は我々にその正義への服従において彼の愛を感じさせることを欲するのだと私は言うのである。結論として、我が似而非《えせ》占星学者たちが我々を神に仕えさせ、または彼に反抗させるように仕向けるものは星であると教えても、私は我々の持つ幸福または不幸の原因は星の影響ではないことを主張する。なぜなら一つのことは他のことに続いて起こるのをすべてのものが見るからである。もし私がこの証拠に適当であるすべての実例を積み重ねることを欲するならば、それは数え切れないであろう。しかもそれらを自分で注意しまた看破できないものはない。したがって我々は神の約束と脅威に心を向けることを学ぼう。それらは星の位置となんの関係もなく、我々は星に熱意を傾けてはならないことを我々に教えるのである。

これこそ神が、その預言者イザヤ(21)によって、エジプト人やカルデア人を嘲弄する所以《ゆえん》である。(22)彼らはこの技術において、かつて存在したもっとも練達した二つの民族であったが、彼らのすべての学問をつくしても近く起こるべき荒廃を予想することができなかった。なぜならそれは星の自然の運行に由来したのでなく、神の超自然的な審判によって起こったからである。占星術に通じているという偽りの看板を自慢するひとびとを神が非難することに異議を唱えることはできない。イザヤはとくにその技術を虚栄以外のなにものでもないと宣言する。彼はエジプト王国に対して語り、つぎのように言っている。いまあなたの賢者たちはいずこにあるか。彼らはなにをあなたに告げまた神があなたにどんな命令を下したかを知ることができたか(「イザヤ書」一九章一二節)、と。占星術の知識はまだどこにもなかったが、その地にはあったのである。この預言者は占星術にかかわるすべてのひとを軽侮し、彼らが公言するように、いろいろの出来事を知るのは彼らに委ねられていなかったと言う。バビロンに向かって語ったさらに決定的な彼の言葉がある。彼は言う、あなたはあなたの数多くの勧告によって疲れ切っている。いまあなたがたの占星学者たちを前に出させ、彼らに天空を凝視し星を詮索し、それによってあなたにまさに起こらんとすることが判断できるかを見させよう。見よ。彼らはわらのようになり、火は彼らを焼きつくすであろう(「イザヤ書」四七章一三節)と。かつてのカルデアびとは占星術においてひじょうに有名であって、この好奇心に突進したひとびとはすべて彼らからその名誉を借用したのである。しかも我々は神がどれほど彼らを咎《とが》めまた非難し、またとくに彼らに王国の変革と崩壊を星から読みとることは不可能であり、またそれをあえてするひとびとの不遜を罰すると述べているかを見る。したがって神は同じ預言者によって占者の「星の」しるしを一掃しまた魔術師を嘲弄し、しかも賢者たちを逆襲して彼らの知識を愚かにすると言わせているのはこのためである(「イザヤ書」四四章二五節)。彼はこの技術に基づいていないひとびとの向こう見ずを叱責しない、しかし彼らの原理と原則、すなわち彼は他の場所で語っているが、星の考察を打倒するのである。したがってダニエル(23)は王ネブカドネザル(24)のために、カルデアのすべての占星学者たちや占者たちが理解できなかった夢を解くことを欲したが、彼はこの技術において彼らよりすぐれて造詣が深かったのでも、ひじょうに巧妙であったのでもなかった。しかし彼は彼らの知識と神の啓示を相反する二つのものとして対置した。彼は言う、占星学者たちと占者たちは陛下に秘密を解明することができませんでした。なぜなら秘密の事柄を解明するのは天にある神に所属することだからです(「ダニエル書」二章二七節以下)と。要するに、我々は、占いに役立つ判断的と称せられる占星術のこのすべての部分はただに空しくまた無益であると神に見棄てられるばかりでなく、神の名誉を毀損《きそん》しまたその尊厳を侵害するものであると非難される、と見るのである。

しかしながら、我々がもし神の民に属することを欲するならば、彼がその預言者エレミヤ(25)「の書」において我々に語る事柄に耳を傾けよう。我々は天のしるしを恐れる異邦人と同じであってはならないという(「エレミヤ書」一〇章二節)。私はあるひとが持ち出す言い逃れを十分に心得ている。すなわち星は我々を支配するかのようにそれらを恐れてはならないが、しかしそれでもそれらは神の手の指揮のもとにあるが、依然としていくらか下位の優越性を持っているというのである。しかしこの預言者は、我々を神の摂理に戻らせ、それによって異邦人が悩まされる空しい不安から我々を引き戻そうと欲していることは疑いの余地がないのに、イスラエルの民がカルデア人とエジプトの側にならってこのような愚かなことに熱中し誘惑されている、と語る。今日の我々の出生占星術家たちに対してその技術の根源はどこにあるかを尋ねられたい。バビロンこそその源流であって、彼らがそれに似ているのはかの地から流れ出る小川のようなものであることは否定できない。したがって神はかつてその民に彼らの先輩、またその教師たちに似ることを禁じた。それでも我々は彼らを信用していてもよいのであろうか。

我々はそれ以外に誤りはないが、我々の苦難や繁栄の原因を星とその影響に帰し、我々の目の前にいわば雲のようなものを置いて我々を神の摂理から遠ざけているのである。すでに我々はそれがひじょうに有害であるのを見た。さらに星のあいだを彷徨《ほうこう》するひとびと(26)とは彼らのなかにあらゆる悪の材料を持ち、また彼らの罪は神の怒りに火を付ける薪《まき》であって、それから戦争、飢饉、滅亡、雹、霜、その他あらゆる類似のものが由来することを熟知して、彼らが生活を検討しようとする良心は彼ら自身にはまったくないのである。同様に、星の予告によって幸福を期待するひとびとはそれを頼りにして、彼らの神への信頼を捨て去り、またそれを必要とすることに無頓着になり、あたかも彼らが熱望することをすでに獲得したかのようである。私は彼らがそのことを反駁してどんな詭弁を弄するかを知らない。まず彼らはプトレマイオス(27)のつぎの言葉を引用するであろう。星の意味は最高裁判所の下す判決と同じではない。なぜなら神はそれらのうえにあるからであるというのである。しかしなんと言っても、それは逃げ口上に過ぎない。なぜなら星が我々を脅《おびや》かすすべての害悪は自然の運行から生じるとすれば、我々の罪はすべての害悪の原因でないという幻想をどうしても我々は持たざるをえない。私は彼らが語る不合理と矛盾とはひとまず置いておく。すなわち神が永遠なるものとして定めた秩序が不意に起こる原因によって変化するのであれば、それはあたかも神がそれ自身に矛盾する。我々は預言者の意志を持つだけで私には足りるのである。異邦人は彼らの条件とすべての生活状態が星に依存すると想像する考え方と、信者たちは神の手のうちにあって、また良心をもって神に仕えるならば祝福されるであろうし、また彼らが堪え忍ぶすべての不幸は彼らの罪と同じだけの懲罰であるとする認識とを、相反するものとして対立させるのは預言者である。

我が出生占星術家たちは、預言者が星をしるしと呼んでいるので、明白な解答が存在すると考えるらしい。そこから彼らは事前にしるしの意味を解くことが彼らの任務であると結論する。また証拠として彼らは「創世記」の第一章(28)に語られる、神は星をしるしのために創ったという箇所を引き合いに出す。彼らはしるしということの語を大いに自慢するのであるが、神は「イザヤ書」(29)に占者のしるしを覆すと、記されている事柄にはなんと答えるであろうか。イザヤはそこに占星術家について語っていることは確実である。したがって、もし私が彼らはしるしを持つかも知れないが、神はしるしを打倒するのだと彼らに告げるならば、彼らはなにを味方にするのであろうか。さらにエレミヤが星にいくらかしるしがあると言っているので、星に意味があるとするのはあまりにも破廉恥な詭弁である。ひとが非難しようと欲するひとびとの普通の言葉を用いるのは誤謬を非難するときの非常にありふれた話し方である。聖書はしばしば偶像を異邦人の神々と呼ぶ。もしだれかが、この呼び方を口実にして、偶像は神々であることを証明しようと欲するならば、その愚かさを嘲弄しないものがあるだろうか。この預言者は、要するに、星はあれやこれやを意味するという異邦人のこの見解に取り乱したり当惑したりしないように警告しているのである。今日、我々はこの誤りを非難することはできないので、そのような意味に暇をつぶしてはならないと言わねばならない。彼らはモーセの[書の]本文を彼らの愚かな幻想によって拡大することを欲して、それをばらばらにする。神は星にしるしであることを命じた。しかしそれがなにについてであるかを注意しなければならない。とはいえ健全な判断をすることのできるすべてのひとは、真の占星術の利用について私がさきに述べたことにモーセが触れようと欲したことを十分理解できるのである。もし星が我々に種を蒔《ま》きまたは木を植え、血液を採取しまたは薬を投与し、樹木を伐採する時期を教えるしるしとして存在するにしても、しかし星は我々がいつ新しい衣服に着替え、また同じように商品の取り引きを火曜よりはむしろ月曜にしたらよいかを知るためのしるしであるというわけではない。そのようなことは星とはなんの関係もない。したがって我々は自然のしるしを認めるように、悪魔が占者によって工夫した魔法を嫌悪する。

したがってそれは我々を中傷する彼らのあまりにも恥知らずの誹謗であって、彼らは神の定めた秩序を我々が乱し、星からそれが知らせる特性を取り除き、また実にひじょうに優れた有益な知識を我々が非難して、我々を騙《だま》すことを欲するのである。およそこのような口実の覆いは彼らから一言で剝《は》がされる。それは自然的占星術と魔術師の捏造《でつぞう》したこの私生子［の占星術］とを区別するときである。星の運行、それらの力またそのような事柄を知ることは、ただに人間に大きな利益をもたらすだけでなく、そこに示されるその驚くべき知恵によって神を称えさせることを私は知っている。ひじょうに無知なもの、また間抜けどもは神を崇《あが》める豊かな材料を持たないで目を天に向けることができないので、すべてのものに知られない、自然の秘密を理解するために研究するひとびとは、彼らの義務を果たすために最大の努力を払わなければならない。しかし濫用と行き過ぎは正しい良い利用とは別ものである。もしだれかがぶどう酒を賛美し飲酒癖を誉《ほ》めることを欲するならば、すべてのひとはそのひとに向かって抗議しないであろうか。そのひとは神の業《わざ》に悪意を含む紊乱者《びんらんしゃ》ではないだろうか。したがって正しいまた公認の学問の名称を借用しまたはむしろ盗用し、彼らの主張する学問の真理とは全然反対の幻想をもっともらしく見せるものは、それと同じことをしているのである。実際、私は初めから彼らの悪巧みを知らせて来たが、自然の秩序から由来する技術を排斥することを欲しなかったばかりでなく、それを神の類いまれなる賜物として受けとり称賛することを主張してきた。したがって、たとい出生占星術家たちが神の業を尊重することは神聖にして正しいことであるとの口実のもとに彼らの玩具を引き立たせることを欲しても、すべてのものはこの点に引き込まれることを警戒し、また彼らの見かけ倒しの言葉によって途方に暮れることのないように。彼らは錬金術師が諸元素の温度またそれらの一致、またそのほかに真実であってまた理性に基づく同じような他の事柄を長い前口上を語ってうまく取り込んで行くのとまったく同じである。しかし彼らは壺のまわりをぐるぐる回ったあと、終わりに彼らの罠《わな》を仕掛ける、ただそれだけのことである。要するに、もろもろの天は我々のために神への賛歌を唱し、また大空は彼の限りなき力と知恵の鏡であるので(30)、我々はそれを利用し、我々を神から遠ざける妄想によって決して振りまわされることのないように学びたい。

しかし我が数学者たちは反論し、ヨセフ(31)、モーセ(32)またダニエル(33)は、エジプト人またカルデア人の学派で教育を受けたことを繰りかえし称賛して、そのことは不法なことでも悪いことでもないと語る。ヨセフについて、彼は占者の振りをするが(34)、しかしすべてのものが見るように、彼はその兄弟たちに自分がだれであるかを隠そうと欲するあいだだけの見せかけにほかならない、と私は答える。なおまた彼はエジプトの飢饉を予告したが、彼はそれを星によって判断したのだろうか。まったくそれとは反対であって、彼はそれを奇蹟的な啓示によって知り得たのである。エジプト人は天のもっとも奥深いところまで探索し、星がどんな意味を持っているかをことごとく占うことができた。それにもかかわらず、彼らはこの飢饉を全然予知することができなかったし、また彼らはそれに気付かなかった。飢饉は不意に起こったのである。神はそれを夢によってファラオに告げ、ヨセフはそれを神から啓示を受けたことをファラオに告げたのである。いずれにせよ、それを楯《たて》とするひとびとを有利にするものはなにもない。モーセについては、彼はエジプト人のあらゆる知恵を教えられたと言われる。しかしそれらは迷信であると解すべきであろうか。ところで、彼らが抱いていたひじょうに悪い迷信のなかで、私は星によって占うことを欲するこの好奇心を取りあげる。一切の疑惑を取り払うために、モーセは彼のすべての事業に、かつてこの知識の助けを借りたかを注目しよう。彼がこの民族を奴隷の状態から解放しなければならなかったとき、彼はその行動のために星を利用したかどうか。同じく、彼が紅海を渡ったときに。最後に、神がその手によって行なったすべてのことに、かつてこの知識によって導かれたことがあったかどうか。彼はつねに神の口によって導かれ、救いの時の約束を尊敬し、また彼に啓示されることに従うほか、なにものも期待しなかったのである。ダニエルはカルデア人の技術によって十分に教育を施されていた。しかし彼は自然占星術を越えて知ろうと欲したことを、我々はまったく知らない。また、それについて長く喋《しゃべ》るまでもなく、神は占者についてしばしば語るが、彼はイスラエルの民族を腐敗させる恐れのあったエジプトまたカルデアの迷信をきびしく非難することを欲したことはなんら疑いがない。したがって、出生占星術家たちは彼らの知識に栄誉を持たせるため、この故事を持ち出すとき、彼らが得をするすべてはこれである。すなわち神が非難するのは好奇心であり、彼はそれを教会にきびしく禁じたということである。さらにまた彼らは聖なる族長たちを痛烈に侮辱し、そのうえ偽りの証拠によって彼らをその仲間に引き入れることを欲するのである。

彼らはまた我々の主イエスの言葉まで利用する。彼が最後の到来の日を告げるため天にしるしがあるだろうと言ったことである。(35) しかしそれを彼らは学者たちが戦争について話しているように語る。聖書について語ることは彼らの習慣ではないから、もちろん、もし彼らが聖書を冒瀆し、彼らのやっているようにそれを悪用することを差し控えるならば、彼らは許されるべきであるのは言うまでもない。ところで、この聖書の句は彼らにとって都合がよいものであるどころか、かえって我々はそれを彼らに跳ね返すことができるのである。というのは我々の主イエスはそこに自然の運行から起こるある星座について語っているのではなく、むしろそれにまったく一致しないまたは共通しない異常な事柄を語っているのである。さらに預言者たちも神の怒りがいかに恐るべきものであるかを表現しようと欲するとき、太陽は暗くなり、月はもはや光を取り返さないであろうという言い方をする。神が彼の教会を罰したときそういうことはしばしば目に見えては起こらなかったことは確実である。もしすべての事柄の成就を我々に齎《もたら》すはずであるこの最後の日には、忠信なるひとびとに予告するためにも、不信のひとびとにいっそう許しがたい報いを与えるためにも、目に見えるしるしがあるはずである。いずれにせよ、この点は我々には問題にならないはずである。そこに語られるしるしは星の運行によってもも視座によっても理解することはできないからである。そのために神は適切にまた独自にるしを送るはずである。さらにしるしは出生占星術家が拠りどころであると主張するこの普通の秩序の変化をもたらすであろう。同じことはオリエントの方からはるばるやって来た哲学者たち(36)に現われた星についても言われるはずである。聖書が奇蹟として語っていることを自然の秩序に帰することはたいへん馬鹿げている。彼らの学問によって、星はユダヤの方面に向かって進行し、次いでエルサレムのうえにまっすぐに上り、そこで星は姿を消し、やがてそのあと再び姿を現わし、ベツレヘムへ向かって、そこに留まってある家を指した、と彼らは言うのであろうか。さらに、星は羅針盤によって進行し、それに導かれてひとびとは行動することができたとでも言うのであろうか。彼らは天空をくわしく観測しても、大空《おおぞら》に嵌《は》めこまれた恒星または惑星しか見ることはできなかったであろう。したがってそのことは自然を越えていること、また、したがって占星術を越えているとしなければならない。ところで、一般の法則から異常な特性を引き出すのはどんな意図なのであろうか。彼らがこのような方法によって論証をするのであれば、彼らの破廉恥《はれんち》を見て彼らに嘲弄を浴びせないものがあるだろうか。神はその子を礼拝せんとする哲学者たちを案内するため奇蹟によって一つの星を起こし、彼らの旅行のために彼らに適切な道順を教えたが、それは天空の普遍的な運動にも惑星のそれにも一致するものではなかった。したがって星々は我々すべてのものの条件や運勢がなんであるかを告げまたそれらの影響によって我々の生活はすべて支配されるという、このような愚かなことを非難するにはなにも大して緻密な議論を必要としない。たといそのほかになにもなくても、占星術が拠《よ》りどころとする基礎がどんなに堅固であるかが見られるであろう。しかし蛇の尻尾にある毒のようにここに隠くされている不敬虔をすべてのひとびとがいっそうはっきり理解するために、彼らが全キリスト教を人間のからだのように星に服従させてなんらのためらいも感じないことを警告するのは有益なことである。というのは彼らはマホメット(37)とそのアルコラン(38)がイエス・キリストとその福音よりもいっそう大きく流行するかを説明することを企て、星の視座が一方に対してよりも他方に対していっそう都合がよいとするからである。それはなんと嫌悪すべきことであろう。福音は我々を支配する神の王杖であり、彼が差しのべるその腕の力であることは、聖パウロ(39)がすべての信者に対する挨拶(40)においてのべているとおりである。それは天国のすべての御使《みつかい》もその下に謙《へりくだ》らねばならない神の不変の真理である。聖霊はすべての信者に力を与えるため真理に利益をもたらし、また悪魔とこの世のあらゆる反撃に立ち向かってそれに勝利を与えるものである。ところでこれら幻想的な連中はある黄道十二宮のしるしの先端が「ひとに」そのことを知らせるのだという。反対に、マホメットの教派は、聖書が我々に教えるように、この世の忘恩を罰する神の公正な懲罰であって、それは星の布置によって進められることを信じさせようと欲する。要するに、このような妄想を主張するすべてのものは神についても、宗教についても、獣以上にそれがなんであるかを知らないのは明らかである。

彼らは、飢えているもののするように、あらゆるものを彼らのために利用するため、蝕と彗星を口実にして我々に反対し、またなにかの意味を持つならば、すべての星についても同様に判断することができる、と言う。私は蝕について、もしそれが自然的であるならば、そのことについて我々が先に述べたとおり、それは雨、風、旋風、その他を発生させることができるほかなんの意味をも持たないと答える。しかしそれによって王国また公国または個人に起こるであろうことが判断できると考えるのは愚かである。さらに占星術に精通する学者はまさに起こるべき月蝕を、それについて無知な兵士たちが、それをある不吉な前兆と考え混乱に陥らないよう、ローマの軍隊に警告することがしばしば必要であったことを我々は読んでいる。したがって真の占星術はこれらの幻想家たちが回復することを欲する迷信を排斥するのを我々は見る。我々の主イエスの死に際して起きた不思議な日蝕について、私は意味のあることを否定しない。

しかしそれは我が占者に役立つどころか、むしろ彼らの戯言《たわごと》を沈黙させるのである。もし予示のために異常な奇蹟が起こることが必要であるならば、彼らはふつうの秩序のなかにどうしてこのような特性と力を発見するのであろうか。まったくそんなことがないならば、それはほとんど彗星と同じことである。要するにそれは予定の日に起こるのでなく、神のみ旨《むね》によって起きる燃焼である。そこにすでに彗星が恒星といかに違っているかが見られる。それは不意の原因によって起きるからである。それでも私は経験もまたそれを示すように、彼らの預言が確実であるとは認めない。なぜならもし彗星が現われ、すぐそのあとでどこかの君公が死ぬと、ひとは彗星が彼を迎えに来たと言うであろう。しかしもし知名のひとの死があいついで起こらなければ、ひとはなにも言わないでそれをほったらかしておくであろう。しかし神が世の記憶に値するなにかの審判を行なうためにその手を差しのべることを欲するとき、神は我々にしばしば彗星によって予告するであろうことを私は否定するものでない。しかし人間とその条件を天の永久の影響に関係づけることはなんの役にも立たない。

さて彼らが我々に向かって引き合いに実例に答えることが残っている。というのは彼らの技術が完全に実証されていると思われるからである。なかでも、そのことを読むすべてのものを驚かすものがある。ドミティアヌス帝(41)は殺されるであろうと預言したアスクレタリウスと称する数学者についてである。さて、ドミティアヌスは彼に腹を立てて彼を呼び出し、彼はこのように他人のことを占う気になったのであるから、また自分自身をも占うべきであると彼に言った。彼は帝の死の時は接近し、そのからだは犬に食い裂かれるであろう、と答えた。ドミティアヌスは彼を死刑にし、慣習によって彼を焼きその灰を埋めることを命じた。その火が消えたとたん突如として嵐が起こり、犬が帝のからだに飛びかかって食おうとした。しばらくしてドミティアヌスは殺された。さらにユリウス・カエサル[42]とその数学者スプリアナとについて語られていることはすこしも不思議でない。それは類似していることである。というのは前記の数学者はカエサルに三月の第一日《イーデース》を用心するように警告した。その日がやって来たとき、カエサルは彼に言った、三月の第一日[43]が来た、と。相手は答えた、今日はまだ終わっていません。果たして、カエサルは元老院に入ったとき、そこで暗殺された。かくて、我が出生占星術家たちは、彼らの技術に真に確実性が存在することを異議なく証明できる根拠を得たと考える。しかし私は彼らに尋ねたい、ユリウス・カエサルが生まれたその日、またその時間に、ローマまた全イタリアになにか変わったことはまったくなかったと考えるかどうか、を。同じ天宮図《オロスコプ》に生まれたひとが多数いたことは確かに真実であろう。ドミティアヌスについても同じである。しかし彼らは同じ日にことごとくのひとが死んだであろうか。また彼らは暴力によって死んだであろうか。反対に星占いは彼らをことごとく皇帝にしなかったように、彼らに同じ死に方をさせなかったのである。したがってその技術には理性も真理もまったく存在しないことが分かるのである。仮にそういうことがあったとしたら、それはあらゆるところで起きるはずである。誕生日を同じくするものが三十人いるとする。あるものは二十歳で、他のものは五十歳で死ぬ。あるものは熱病で、他のものは戦争で倒れる。かくのごとくすべてのものはさまざまであって、彼らは死ぬまでに、おのおのの生き方を持っているし、またその身分も他のひとびとと違っている。すなわちおのおのは天に星を持って、そこに彼らになにが起こるかが読まれるはずである。なぜならもし星座がなにかを行なうことができるならば、それはすべてのひとに平等であろう。同じ理由によって、彼らがアウグストゥス[44]について述べていることを反論するのも容易である。アウグストゥスは彼の誕生の天宮図が彼にローマ帝国を与える約束をした、とテオゲネス[45]から聞いた。そこで彼はそれを記念して、その星の下に生まれたので山羊座のしるしの貨幣を造った。この同じ星のしるしの下に多くの貧しい惨めなひとが生まれるわけはない、とそんなことを考えるひとがあるだろうか。この帝国内に、あるものは豚飼い、あるものは牛飼い、またそれぞれに留まった。もし天宮図または星の視座がアウグストゥスと同じ時に生まれたすべてのものにローマ帝国を与えたならば、彼にはきわめて僅かの部分しか残らなかったであろう。そこで私はすでになされたすべての占いは理性にも学問にも根拠がなかったと結論する。それにもかかわらず彼らは結果によってそれが真理であることが分かると抗議する。それが適法な技術であると承認されるにはなんの効果もない、と私は答える。ところで、我々はただこの点についてそれが有害な好奇心であり神に非難されるものであると主張し、占者たちがときどき真実を語るとか語らないとかは問題にならない。悪魔から来るものはすべて虚偽にほかならないというのは真実である。しかし神はペテン師がときどき真実を語ることを許し、このような手段で悪人の不信仰を罰することを欲する。「サムエル記」が語る魔術師の二つの例を取りあげよう。彼女がサウル[46]王に語ったことが果たして起こった。しかし彼女は理性にもとづく学問を持っていて隠れている事柄を予告できた、と我々は言うべきであろうか。いな。神はその正しい報復によって、この不幸な王に値するごとく、王が裏切られるために差し当たってサタンに対して手綱を緩《ゆる》めたのである。同様に、彼女が真実を語ったので、このような手段が神の子らに対して用いられることが適法であると判断してはならない。なぜなら我々にとって知っておいて都合のよい事柄を我々が知ることを神が欲するのはこのようなことによってではないからである。それについて「申命記」の一三章は我々にその一般的な法則を与える。そこにはもしある預言者があれこれ、またのちに起こるであろうことを預言し、またもし彼が将来を言い当てることを口実にして、異なる神々に服従するように誘惑しても、我々はそれに従ってはならないと言っている。なぜなら神は我々から愛せられているかどうかを試してみることを欲するからである。つぎの言葉を熟考しよう。すなわち、神に反対する事柄に、また彼がその言葉によって非難する事柄に、真理のどのような口実または見せかけがあっても、良心に従って歩むものはそれから身を守ることができること、またそれに背くものは不信者または偽善者にほかならないということである。聖パウロが言うように(「テサロニケ人への第二の手紙」二章一〇、一一節)、光を追い求めることを欲しないものは、闇のなかを歩むのは当然である。要するに、私はこれらの数学者たちがかつて言ったすべての真理を、ファラオの魔術師たちがモーセと争った、(47)またイエス・キリストが世界は彼らによって欺かれると預言した偽りの奇蹟と同じように見なす。

さて、人間は、いったん彼らの好奇心に手綱をゆるめて以来、恐るべきまた出口のない迷宮のごとき愚昧《ぐまい》と迷信に包まれ、多くの軽率なものが星占いに暇をつぶしたあと、さらに進んで、あらゆる種類の占いに傾倒した。なぜなら彼らはその一つに誘惑されると、それに興味を持つようになるのは悪魔の大きな欺瞞にほかならない。また彼らは彼らの悪魔の迷信を格好よく見せるため、それをソロモン(48)の名をもって飾り、あたかも彼が魔法使であったかのように、それを援護する。聖書はソロモンが自然の深い秘密について博識であったことをいみじくも語っている。しかし彼は占者であったとは言っていない。また、事実、我々はモーセがひじょうにしばしば、とくに「申命記」の一八章(49)において、それに専念するすべてのひとびとに対して述べる一般的な非難を見る。そこに彼はあなたのうちに占いをする占者、日々の観測者、鳥を注目するもの、魔術師、魔法をかける魔法使、家族の霊に相談するもの、口寄《くちよ》せ、死者に尋ねるものは存在してはならない。なぜならこのようなことをするものは神に嫌悪され、またこのような罰のため神はこの国に住んだひとびとを滅ぼしたと言われている。我々は、私がさきに述べたこと、神はエジプト人を子細に見てその民に対してすべて彼らのやっている方法を思い留らせるように欲したことをつねに思い起こしたい。したがって彼は占いにおける真の学問の限界を越える一切の判断的占星術を非難する。魔術ということの語は魔力によりまたは諸霊への懇願によりまたはこのような虚しさによって行なわれる隠れた事柄を明るみに出すことを意味する。また我々は、神は言葉だけで満足しなかったことに注意しよう。しかし人間の精神はすべての言い逃れの口実をうまく取《と》り除《の》けようとして、虚しく右往左往するのであるから、そのこころ周知のすべてのことを語るのである。また尊敬を払われていたいくいく人かの名前を用いる。啓示するものと思っている、またしばしばなお隠れていることを予告する預言者とされるショサンのごとき。さらに、星を一所に結合する、またそれらを横にまたは斜《なな》めに集合させることができるといわれるひとであり、星にたがいに目配《めくば》せさせるたしかに占星術家であるショベルのごとき。また、知るまたは精通することを意味するイイドニのごとき。我々は彼らがあたかも世のなかにほかに学問がないかのように、彼らがいかに馬鹿げたことを説いているかを我々は見る。しかし神がそれについて宣告し、またそこに行なわんとする恐るべき脅威を我々は見る。それは神を恐れるすべてのものを恐怖で頭に髪の毛を逆立たせる。さて、もしあらゆる種類の占いがこのように非難されるのであれば、隠れた事柄を尋ねてもろもろの霊に懇願する気を起こすひとびとはどうなるのであろうか。というのはこれはまったく明らかに魔法であると見られるからである。しかし、私がさきに言ったように、あまりにも恥知らずのものがいて、彼らは彼らの仲間とほかの魔法をソロモンに帰する。またさらに彼らは主張する、もろもろの霊は信徒の奉仕者であるように命じられているので、我々にそれらを役立てそれらに懇願するのはなにも悪いことではないと。しかしそれは神のきびしい禁止に逆らっているのであるが、彼らはそれらを本心からこのように役立てることを期待するのはどういうことなのであろうか。というのは天使を我々に語らせるために秘密の祈願をするのは我々に許されるどころか、いかなる方法であっても天使に祈願することは不幸な迷信以外のなにものでもないからである。他方、天使を悪魔の召使にするため悪魔に売りまたは雇ったのはだれであろうか。というのは神の子らは彼らを滅ぶべき敵とし、また彼らとはいかなる交渉をももつことを欲しないで、彼らを避けまた撃退しなければならないからである。したがって彼らを利用しようと欲するものは彼らの頭《かしら》の役割を演じていることをついには悟《さと》ることであろう。同時に神の宣言によって、すべての占いは驚くべきまた憎むべき瀆聖行為であると我々は結論する。神はその言葉に対する反逆をできるかぎり咎《とが》めるため、それを占いと偶像崇拝［の罪］と比較するからである。

したがって民法が数学者たちをひじょうにきびしく非難するのは正しい理由がないではな

い。またそれはペテン師の悪用のためであるとか、またはその名は無知なものにとって忌《いま》わしいものであったとか言うべきでない。なぜなら神はイスラエルの治安判事としてさらにいっそうきびしい裁決を彼らに下し、すべてのものは共犯者も引っ括めて死罪に処せられたからである(「レビ記」二〇章)。しかしそれは人間に許されたものである場合であったことを取り上げよう。神がそれをひじょうに嫌っていることを我々は認めるので、それをキリスト教と結合させることを欲するのはなんと愚かなことであろう。それはあたかも火と水を一致させることを欲するようなものである。また、エペソのひとびとはかつて愚かな好奇心に耽ったが、イエス・キリストを信じたあと、彼らの書物を焼却したというのは驚嘆に値する。聖ルカはそのことを「使徒行伝」(一九章一九節)のなかで語っている。またいまイエス・キリストの認識があらゆるくだらない虚栄を追い求めんとする彼らの欲望を掻き立てることのほか彼らにとってはなんの役にも立たない、と思うことはあまりにも邪悪なことである。あるものは、彼らが福音に属することを経験するやいなや、彼らの全生活をそれに暇をつぶした占いを放棄するのと、また他のものは、神の真理を知っているかのように装い、それはかつてはなんであったかをまったく知らなかったので、それに耽けるように唆《そその》かされるのとは、まったく大きな相違である。聖ルカが語るひとびとは、五千フランの価格に相当する書物を焼却した。これらのひとびとは彼らのすべての資産を蕩尽するほど彼らが抱いていた虚構に深く魅せられていた。それでも聖ルカは、それは憎むべきまたは悪魔の技術であるとは言っていないことを注意しなければならない。かえって彼はそれをペリエルガ(50)と称する。それは取るに足りないまたは役に立たない好奇心を意味する。まことにそれは憎むべきことでないことはないが、我が数学者たちがやっているのを我々が知っているように、巧妙な逃げ道を発見することしか望まないひとびとの口を封じるために、彼はこのように言っているのである。彼らは彼らの祖先である魔術師シモンと同じようにひじょうに悪い。シモン(51)はイエス・キリストの力を見て、彼らの技術とイエスとを比較すればまったくなにものでもないことに驚嘆して、聖霊の恩恵を金で買おうと欲した。いかにも哀れであった。とはいえ彼は神の子の力は彼が所有していると思っていたあらゆる知識を曇らせるものであることを認めた。しかし彼らは神の真理を知ることを神から照明を受けていたのに、彼らは目をそむけそれを死の暗黒へ向け、生命と救いをもたらす天の光明に浴するよりはむしろ彼らの欺瞞によってごまかされることを愛したのである。

しかしこのような害悪を予防するためにどんな方法があるだろうか。聖パウロが我々に勧める節度こそ、神の純粋な服従を締める手綱のごときである。我々はこれを行なうためおのおのが率直にこのうえもなく尊い福音の宝を保持することを願う。というのは神を恐れることはあらゆる誤謬から我々を防衛する堅固な城砦《じょうさい》であることが確実だからである。したがって我々は神に対して我々のからだと我々の魂を聖化し、また率直に彼に仕えるこの大切な一般的規則を定着させることのできるように願う。つぎに、おのおのは彼らが招かれていることに注目し、それぞれの職務に専念するように願う。学識者たちは正しいまた有益な研究に没頭し、馬鹿げた暇潰《ひまつぶ》しのほかにはなんの役にも立たない、くだらない好奇心に熱を入れてはならない。我々は、大人も子供も、学者も無学者も、役に立たない事柄に時間をかけるためにこの世に生まれて来たのではなく、かえって我々の実行の目的は神を恐れることによって我々および他のひとびとを教化することでなければならないと考える。事実、子細に検討すれば、この移り気な占星術を我々にもたらすものは、自惚《うぬぼ》れの強いまたは常軌を逸した精神の、または戯《たわむ》れたり無駄話をすることのほか知らないものでなければ、だれであろうか。彼らはあたかも貴婦人の秘書役《プロトノテール》、または伊達男《ミユゲ》、または宮廷の寵臣《ミニヨン》のごとき連中である。彼らはこの技術に造詣の深いはずがなく(もっとも、狂気と虚偽には長《た》けているかも知れないが)、かえって彼らはそのうえをひらひら飛びまわるだけである。しかし彼らは欺瞞行為によって多くの哀れなひとびとを取りこんでいる。我々は強固なものに目を注がなければならない、とさきに私が言ったのはこのためである。というのは、第一に、神を恐れることに専念し、その意志がなんであるかを知ることを学び、とくに聖書が我々に教える事柄を実践して行なうものはだれでも、つぎに第二に、職務にまたは少なくとも正しいまた有益な事柄に心を傾倒するものはだれでも、天にも地にも近づかないで、雲のなかを飛び回って空中に身を置くような暇は持てないはずだからである。彼らは反抗することの不可能なことを私は十分に知っている。なぜなら彼らはひとは他人の邪魔をしてはならないというからである。それに対して私は簡潔につぎのように答える、いかなる善良な学問も神を恐れることにも、また我々を永遠の生命に導くために与え、彼の教訓にも反するものでないと。したがって我々は牛のまえに鋤《すき》を置かないのである。すなわち我々はつねに天の王国に向かってこの世を通過するに当たって、教養学科また手仕事を我々に役立たせる慎重な行動をする。しかしここで問題とするのは余計であり無益なことであるばかりでなく、有害な好奇心である。好奇心は我々が神に対して持たねばならない信頼から、また彼の義、憐憫《れんびん》また審判について持ちたいと欲する深慮から、同時に我々が我々の隣人に対して負う義務から我々を逸脱させることになるのである。

訳者注

聖晩餐について

（1）教皇制の礼賛者たちの意、プロテスタント教徒がカトリック教徒に与えた名称。
（2）地獄の同意語として永遠の刑罰を指して使用される。
（3）「ルカによる福音書」二三章一九節、「マタイによる福音書」二六章二八節。
（4）救いの事業の中心としてのキリストにおける神と人間の二重の性質についてのカルヴァンの主張は、『キリスト教綱要』三巻一一章九節参照。
（5）「ヨハネによる福音書」六章五五節。
（6）同上、一章三二節。
（7）「コリント人への第一の手紙」一一章二六節。
（8）同上、一一章二七—二九節。
（9）詭弁を弄するの意、ここでは中世のカトリック神学者たちの意。

(10) 「ローマ人への手紙」六章三―一一節の隠喩。

(11) アウグスティヌスの *In Ioannis Evangelium Tract* xxvi. 13(*P. L.* xxxv, 1631)の引用で, 「愛の鎖」(vinculum charitatis)と呼ばれる。これをカルヴァンは『キリスト教綱要』でも引用する。

(12) これらの原理を取り入れたカルヴァン派の礼拝順序が全集 *Opera omnia* vi, 161-202 に収載されている。

(13) 左派(急進)宗教改革者たち、再洗礼主義者たち、精神主義者たちはこの完全主義の概念に反対した。カルヴァンの主張する全堕落と矛盾する。「完全な悔い改め」imparfaite repentance は「悔悛」penitence のこと。

(14) 「マルコによる福音書」九章二四節の隠喩。カルヴァンは一五三七年に聖餐式を毎年行なうべきことを提案した。一五四一年には毎月行なうことを提議した。しかしジュネーヴ市政府はこれを年四回行なうことを主張した。

(15) 原語は congrégation.

(16) アガペー(愛餐)のこと。

(17) 「コリント人への第一の手紙」五章一一節参照。

(18) 同上、五章一二節。カルヴァンの教会訓練では、破門は教会の権威の最終の制裁であった。それはジュネーヴ市の教会と国家との軋轢の焦点の一つであった。

(19)「マタイによる福音書」三章一二節の隠喩。

(20) ひとたびイエス・キリストを受け入れたならば、もはや彼を再び受け入れ直す必要はないと考えるもの。

(21) とくにローマ教会の解釈。

(22)「ヘブル人への手紙」四章一四節―五章一〇節、「ローマ人への手紙」八章三四節の隠喩。

(23)「ヘブル人への手紙」一〇章九―一四節参照。

(24) hostie(ラテン語、ホスティア)。

(25) または罪。

(26)「ヘブル人への手紙」一〇章一八節。

(27) 同上、九章二四節。

(28) ともに詳らかでない中世の聖人。

(29) カルヴァンの思想における秘蹟の性質は『キリスト教綱要』四巻一四章参照。

(30) 聖書のどこにも見られない。「コリント人への第一の手紙」一〇章一七節に基づく『ディダケー』、または十二使徒の教訓』九章四節に由来。この直喩は初代教会にあって広く用いられ、ルターやエコランパディウスも用いた。

(31)「コリント人への第一の手紙」一〇章一七節。

(32) transsubstantiation. 化体、化身とも言う。

(33) 一二五七年ごろルイ九世王の聴罪師ロベール・ド・ソルボン Robert de Sorbon(一二五七年頃没)がパリに設立した神学校。長いあいだフランスの正統的キリスト教の擁護と異端の糾弾の中心であった。現在のパリ大学またその建物にも用いられる。

(34) 例えば、「ローマ人への手紙」六章九—一〇節。

(35) ミサの序唱のまえに司祭が会衆に語りかける言葉。ラテン語 Sursum corda.

(36) 聖体(corpus Christi)の祝日。三位一体の主日に続く木曜。聖餐式の制定と授与を記念する祝日。

(37) 不詳。

(38) 「マルコによる福音書」一四章二二—二三節、「マタイによる福音書」二六章二六—二七節、「ルカによる福音書」二二章一七—一九節。

(39) espèce, species. または形色。聖別されたのちのパンとぶどう酒。

(40) 「コリント人への第一の手紙」一一章二三節。

(41) 「ルカによる福音書」二二章一九節。

(42) キリストの敵。新約聖書では「ヨハネの第一の手紙」および「ヨハネの第二の手紙」に表われ、キリストの受肉を否定するものであるが、ここでは教皇の教会を指す。

(43) Can. Detrahe i, 4.

（44）*In Ioannis Evangelium Tract* lxxx (*P. L.* xxxv, 1840) : 'Detache verbum, et quid est aqua nisi aqua? …… non quia dicitur, sed quia creditur.'

（45）Messateurs.

（46）「マタイによる福音書」二七章五一節参照。

（47）ユダヤ人の儀式。カルヴァンの旧約聖書の儀式についてはなお『キリスト教綱要』二巻七章一節を参照。

（48）カルヴァンは人間の無力とすべての善は神の業であること、「ただ神の栄光」Soli Deo Gloria を強調する。

（49）ルターはその実体変化を説明して、金属の実体と火の力を結合するのは赤い火であるとした。

（50）Huldreich(Ulrich)Zwingli. 一四八四―一五三一年。スイスの宗教改革者。一五二四年マルブルクでルターと会談し、プロステタント勢力の連合を企図したが成功しなかった。

（51）Oecolampadius. 一四八二―一五三一年。Johann Hussgen(または Hausschein)のギリシア語訳。バーゼルの宗教改革者。一五二四年のマルブルクの宗教会談でツヴィングリを弁護した。

（52）マルブルクの宗教会談(Marburger Religionsgespräch)。一五二九年ストラスブールの宗教改革者マルティン・ブーツァー Martin Bucer(一四九一―一五五一年)の斡旋によって、ザクセンとスイスのプロテスタンティズムの提携を諮った。会談はマルブルクでルターとフィリップ・メランヒトン Philipp

Melanchton(一四九七―一五六〇年)に対してツヴィングリとエコランパディウスにブーツァーらが参加して開会された。十五条の条項のうち、最後の聖晩餐の一項において両派は一致することができなかった。

(53) これについて反ツヴィングリの小冊子が現われ、彼に対して激烈な悪罵が浴びせられた(Emile Doumergue, *Jean Calvin* ii, 563)。

(54) ルターを指しているらしい。この論文が発表されたとき(一五四一年)、ルターはなお生きていた。彼は一五四六年に死んだ。ルターはこの論文を読んで著者に賛意を与えたといわれる。

(55) カルヴァンの希望は実らなかった。一五四〇年ツヴィングリの後継者ブリンガー Johann Bullinger (一五〇四―一五七五年)と「ツューリッヒの一致」Consensus Tigrinus に署名し、ルター派との関係はいっそう悪化した。

聖遺物について

(1) キリスト教会最大の教父(三五四―四三〇年)。

(2) 四〇〇年ごろの著作 *De opere manachororum* (*P. L.* xi, 575).

(3) 「ローマ人への手紙」一章二一節参照。

(4) 「申命記」三四章六節参照。この本文欄外に「申命記の終り」、「コリント人への第二の手紙七章」(この引用は実は「コリント人への第二の手紙」五章一六節)の注がある。
(5) ローマの皇帝(在位三〇六―三三七年)。
(6) 前者の母(二五五年頃―三五〇年頃)。
(7) ミラノの司教(三四〇年頃―三九七年)。
(8) 欄外に「テオドシウスの追悼の祈り」の注がある。*Oratio de obitu Theodosii* § 46 (*P. L.* xvi, 1464).
(9) ジュネーヴのこと。
(10) エジプトの隠修士(二五一年頃―三五六年)。病人の守護聖人。
(11) イエスの十二使徒の筆頭。
(12) 「マタイによる福音書」一三章一三節。
(13) ブザンソンの司教(六九六年頃没)。
(14) 「ルカによる福音書」八章二節参照。
(15) 教会には兎の飼育所のように兎の骨が散らばっているの意。
(16) カルヴァンは宗教改革運動に世俗権力の協力を要請した。例えば一五三五年フランス王(フランソア一世)、一五五一年イングランドのソマセット公(摂政)、一五五一年と一五五三年にイングランド国王

(エドワード六世)、一五五七年と一五六一年にナヴァール王(アンリ四世)に。
(17) 聖晩餐においてパンとぶどう酒はキリストの肉と血に変化するという(化体説)。
(18) 「ルカによる福音書」二章二一節。
(19) 不詳。
(20) 「ヨハネによる福音書」三章一節—一五章一五節、一九節参照。
(21) ラテン語訳に、「オーヴェルニュのビヨムでは、血はクリスタルのびんに液体で見られるが、その近隣の村や他のところでは凝結している」を挿入。
(22) 「ヨハネによる福音書」一九章三四節、「ヨハネの第一の手紙」五章六節、八節。
(23) 「ルカによる福音書」二章七節。
(24) スペイン北部のオビエドの大聖堂。
(25) 「ルカによる福音書」二章二一—三九節参照。
(26) 紀元七〇年。
(27) 教皇(在位五九〇—六〇四年)。
(28) 「ルカによる福音書」二章四一—四六節。
(29) 「ヨハネによる福音書」二章一—一一節。
(30) *ὑδρίαι*.

(31) 約十リットル。

(32) 十八ヘクトリットル。

(33) *ἀρχιτρίκλινος.*

(34) 「コリント人への第一の手紙」一一章二三―二五節、「マタイによる福音書」二六章二〇―二九節、「マルコによる福音書」一四章二二―二七節、「ルカによる福音書」二二章一四―二四節。

(35) ユダヤ人の春の祝祭。「出エジプト記」一二章参照。

(36) 「ヨハネによる福音書」一三章二五節。

(37) 同上、一三章四―五節。

(38) 「マタイによる福音書」一四章二〇節。

(39) 「出エジプト記」一六章三三節。

(40) 「マタイによる福音書」二一章一―九節、「マルコによる福音書」一一章一―一〇節、「ルカによる福音書」一九章二八―三八節。

(41) 「ヨハネによる福音書」一一章一―四四節。

(42) 「マタイによる福音書」二七章三二―三九節、「マルコによる福音書」一五章二四―二六節、「ルカによる福音書」二三章二六―三五節、「ヨハネによる福音書」九章一七―二三節。

(43) 前記のアンブロシウスのほか、Rufinus, *Historia Ecclesiastica* I, vii–viii (*P. L.* xxi, 475–477)；So-

crates, *Historia Ecclesiastica* I, xvii(*P. G.* lxvii, 118–119); Sulpicius Severus, *Historia Sacra* II, 34(*P. L.* xx, 148)など。

(44) 「ヨハネによる福音書」一九章一七節。

(45) I. N. R. I. (Iesus Nazarenus Rex Iudaeorum).

(46) 「マタイによる福音書」二七章三七節、「マルコによる福音書」一五章二六節、「ヨハネによる福音書」一九章一九節。

(47) Socrates, *Historia Ecclesiastica* I, xvii(*P. G.* lxvii, 118–119).

(48) 原書の欄外の注、「三歴史の第二書」。三歴史とはテオドレトス、ソクラテス、ソゾメノスの教会史のこと。ここは Theodoretus, *Ecclesiasticae Historiae libri quinque* I, 17(*P. G.* lxxxii, 959).

(49) *De obitu Theodosii* §47(xvi, 1464–5).

(50) 「ヨハネによる福音書」一九章三三—三四節。

(51) 「マタイによる福音書」二七章二九節、「マルコによる福音書」一五章一七節、「ヨハネによる福音書」一九章二節。

(52) スペインのサンティアゴ・デ・コンポステラ。

(53) 「マタイによる福音書」二七章二五節、「マルコによる福音書」一五章一七節、「ヨハネによる福音書」一九章三節。

(54)「ヨハネによる福音書」一九章二三―二四節。
(55) *χιτών.*
(56) tunica.
(57) chasuble.
(58) ここにラテン語訳では、「ストラスブールにあるものはミサに用いる着衣であって、司祭服と呼ばれるものである」を挿入。
(59)「ヨハネによる福音書」一九章二三―二四節。
(60) ラテン語訳の欄外に、「しかし彼らはここで留まらなかった」の注がある。
(61)「マルコによる福音書」一五章二四節、「ヨハネによる福音書」一九章二三―二四節。
(62) 公現節の菓子に入れたそら豆(王)をくじ引きで当てる遊び。
(63) 十六世紀には一般的なもので、現今もシチリアで行なわれる。
(64) カトリック教徒。
(65) キリストが刑場カルヴァリへ赴く途中、担っていた十字架の重さに堪えかねて転倒したとき、近よってキリストの顔を布で拭った聖女。キリストの顔が布に映って残ったという。
(66) オランダのマアストリヒト。
(67) アルザスのこと。

(68) 一リューは約四キロメートル。
(69) トリーアでなく前出のトレクト。
(70) 福音書にウェロニカの名はない。「マルコによる福音書」一五章四〇―四一節参照。
(71) 「ヨハネによる福音書」二〇章六―七節。
(72) モーセの律法をかたく守ったユダヤ人の党派。
(73) 「ヨハネによる福音書」一九章四〇節。
(74) 同上、二〇章六―七節。
(75) suaire, sudarium, *σουδάριον*. 汗拭き。
(76) 「マタイによる福音書」二七章三〇節。
(77) 同上、二七章三四節、「マルコによる福音書」一五章二三節、「ヨハネによる福音書」一九章二九節。
(78) ユダヤ人の礼拝、教育、市民生活の場所。
(79) 「マタイによる福音書」二六章一五節、二七章三―八節。
(80) Scala scuda または Scala Pilati. ピラトの法廷にあったという二十八段の大理石の階段。
(81) 「マタイによる福音書」二〇章一九節、「ヨハネによる福音書」一九章一節。
(82) 「マタイによる福音書」二一章一―七節。
(83) 前出。

(84) ルイ九世または聖《サン》ルイ、フランス王(在位一二二六—一二七〇年)。

(85) ロレーヌ公(一〇六〇年頃—一一〇〇年)。第一次十字軍の首領。エルサレムの王に選ばれた(一〇九九年)。

(86) ローマ皇帝(在位七九—八一年)。

(87) ローマ皇帝(在位六九—七九年)。前者の父。紀元七一年にエルサレムを破壊した。

(88) マウレタニアは北アフリカの地方であるが、インドの国と呼ばれたというのは不明。

(89) 「ヨハネによる福音書」二一章一一—一四節。

(90) ギヨーム・ドシェーヌ(ラテン語形、デ・クエルク)。ソルボンヌの博士のなかでもひじょうに保守的で、ルターに反対した。

(91) in portico. 柱廊の意。

(92) vultus sanctus. 聖なる顔の意。

(93) *Historia Ecclesiastica* I, 13(*P. G.* xx, 119–130).

(94) Chroniques de Melsine. ジャン・ダラスの散文小説(一三九二—一三九三年)。ラブレ『ガルガンテュアとパンタグリュエル』第四の書、三八章参照。

(95) Eusebius, *De vita Constantini* I, 28(*P. L.* viii, 22)参照。

(96) 「ルカによる福音書」二章八—一二節。

(97)「マタイによる福音書」二章一―一三節。
(98)「ルカによる福音書」二章二五―三五節。
(99) aube.
(100) 聖書の句を記した羊皮紙の小片を納めた小箱、額と左腕に付ける。
(101) pantouffle.
(102) soulier.
(103) inviolata=in via lata. 広い道の意。小アシアの都市。
(104)「コロサイ人への手紙」四章一四節。
(105) イスラエルの大預言者(前六二六年―前五八六年)。ヤハウェに対する民の不信と社会の不正を責めた。
(106)「ユダの手紙」九節。
(107) キリストの先駆者。ヘロデ・アンティパスに首を刎ねられた(「マタイによる福音書」一四章一―一二節)。
(108) Theodoretus, *Ecclesiasticae Historiae libri quinque* III, 6 (*P. L.* lxxxii, 1092).
(109) アレクサンドリアの司教(二九六年頃―三七三年)。
(110) エウセベイオスでなく、その後の歴史を補足した。Rufinus, *Historia Ecclesiastica* II, 28 (*P. L.* xxi, 536).
(111) 五世紀の教会史家。*Historia Ecclesiastica* VII, 21 (*P. G.* lxvii, 1481-1485).

(112) 一世、大帝、ローマ皇帝(在位三七九―三九五年)。

(113) 「マタイによる福音書」一四章一―一二節参照。その娘がサロメ。

(114) ローマの間違いであろう。

(115) 三頭または三体を同時に持つ怪物。ゲリュオンの牡牛退治はヘーラクレースの十二功業の一つ。

(116) 「マタイによる福音書」三章四節。

(117) ローマの司教(三三五年没)。コンスタンティヌス帝に洗礼を授けた。

(118) ローマ教会の儀式を指す。

(119) 「ヨハネによる福音書」一八章一〇節。

(120) 「使徒行伝」五章一七―二一節。

(121) 同上、一二章七節。

(122) イエスの十二使徒の一人。「マルコによる福音書」三章一七節、「使徒行伝」一二章二節。

(123) イエスの十二使徒の一人。ペテロの弟。

(124) イエスの十二使徒の一人。「マルコによる福音書」三章一八節、一五章四〇節。

(125) イエスの十二使徒の一人。同上、三章一八節。

(126) イエスの十二使徒の一人。熱心党に属した。「ルカによる福音書」六章一五節。

(127) イエスの十二使徒の一人。シモンとともに殉教。

(128) イエスの十二使徒の一人。イエスの弟子ナタナエル(「ヨハネによる福音書」一章四三―五一節)と同一視される。
(129) イエスの十二使徒の一人。福音書記者。「マタイによる福音書」九章九節、一〇章三節、「マルコによる福音書」六章一八節、「ルカによる福音書」六章一五節。
(130) ローマ皇帝(在位八一―九六年)。
(131) その名は聖書に現われない。「ルカによる福音書」一章参照。
(132) アーヘンとケルンのあいだの公国。
(133) カルヴァンが語る唯一の幼少時代の思い出。
(134) 「ヨハネによる福音書」一一章一―四四節参照。後世の伝統によればマルセイユの司教。
(135) 「ルカによる福音書」八章二節、「マルコによる福音書」一五章四〇節、一六章一節、「マタイによる福音書」二八章九節、「ヨハネによる福音書」二〇章一節以下参照。
(136) 「私に触れてはいけない」(「ヨハネによる福音書」二〇章一七節)の意。
(137) 「ルカによる福音書」七章三七節以下の罪の女、「ヨハネによる福音書」一二章二節のマルタの姉妹マリアと同一視されるが、福音書に証拠はない。
(138) 伝説によればマグダラのマリアは兄弟ラザロと姉妹マリアとともにプロヴァンに来て福音を説き、サン・マクシマンで死去したという。

(139) ラテン語訳に「それは確かに子供っぽい誤謬であった。その名はギリシア語の槍を意味する。それを彼らは個人の固有名詞に転化したのである」を挿入。すなわち「ヨハネによる福音書」一九章三四節の λόγχη=lonchē の読みちがい。

(140) 「マタイによる福音書」二章七—一二節。

(141) *P. G.* lvi, 637. 十四人でなく十二人。

(142) 日本語訳聖書(「マタイによる福音書」二章一—一二節)では、「博士たち」(Magoi, Magi, Königin, Wise Men)。

(143) イエスの降誕を拝礼しに東方から到来した博士たち。ペルシャの祭司で天文学、魔術に通じた者と推せられる。「マタイによる福音書」二章一節。

(144) 同上、二章一二節。

(145) この聖遺物は一一六二年ミラノからケルンに移されているので、カルヴァンはここで勘違いをしている(ヒッグマンによる)。

(146) 二五〇年ごろパリのモンマルトル(殉教者の丘)で殉教。「使徒行伝」一七章三四節の Dionusios ho Areopagitēs, 五世紀の神秘思想家 Pseudo-Dionusios と誤って同一視する。

(147) この事件は一五世紀でなく、一〇五二年。

(148) 教皇のこと。

(149) 最初の殉教者。「使徒行伝」七章。
(150) アンティオキア生まれの年代不詳の殉教者。安産の守護聖女。
(151) 「マタイによる福音書」二章一六―一九節。
(152) 二五八年に鉄灸で焙られて殉教。
(153) ラテン語訳では、「灰」。
(154) 正しくはローマのパニスペルナの聖ラウレンティウス教会。
(155) 年代不詳のミラノの殉教者。
(156) 年代不詳のミラノの殉教者。
(157) *Epistolae P. L.* xvi, 1062–1063.
(158) ヒエロニムスには見当たらない(ヒッグマンによる)。
(159) *Confessiones* Ix, 7(*P. L.* xxxii, 770).
(160) 三世紀、ディオニシウスの迫害のとき、矢を射られて殉教。
(161) フランスのドミニクス会。
(162) フランスのフランチェスコ会原始会則派。
(163) エジプトの隠修士(二五一年頃―三五六年)。熱病の守護聖人。
(164) 初期ローマの殉教者、ペテロの娘というのは後世の伝説。

(165) 三世紀のローマの殉教者。
(166) 五世紀にケルンで一万一千人の娘とともに殉教したという聖女。
(167) 三一五年頃—三六八年頃。ポアティエの司教。
(168) 三五〇年頃—四二九年。アルルの司教。レラン島に修道院を建てた。
(169) 七一〇年ごろ没。ローヌ河口付近に修道院を建てた。身障者の守護聖者。
(170) ギヨーム。
(171) アルザスのエックキルヒ。
(172) 二〇〇年ごろオタンで殉教。
(173) 不詳。
(174) 六三七年頃—七〇五年頃。マストリヒトの司教。
(175) 「創世記」一七章五節参照。
(176) アブラハムの子。同上、一七章一九節、一八章一〇節参照。
(177) イサクの子。同上、二五章二〇—二六節参照。
(178) 「出エジプト記」七章参照。
(179) 同上、二五章一〇節以下参照。
(180) リモージュの使徒、初代司教(三世紀)。

(181) 「出エジプト記」四章二—四節。
(182) 使徒たち。
(183) 「マタイによる福音書」二七章二七節、「マルコによる福音書」一五章一七節参照。
(184) 「士師記」七章二二節参照。
(185) アブラハムの妻。
(186) 「ユダの手紙」九節。
(187) 「マタイによる福音書」一四章一二節。
(188) 「使徒行伝」八章二節。
(189) カルヴァンが幼少時代の思い出を語ったのは珍しい。
(190) 十二月二十六日。
(191) 「ヨハネの黙示録」一二章七節。
(192) キリストとともに殺された二人の盗賊の一人。悔い改めたといわれる。
(193) ここに引用されているテクストはその箇所にも新約聖書のどこにもない。ガラールのラテン語訳には「テサロニケ人への第二の手紙」二章一一節に取り替え、一五六二年のフランス語版にこの引用はない。著者は「ローマ人への手紙」一章二五節を思い起こしていたのかも知れない。

占星術への警告

（1）中世の学芸学科。文法、論理学、修辞学、算術、幾何、音楽、天文。
（2）モーセは旧約聖書の初めの五書 Pentateuch の作者とされる。
（3）占星術家のこと。
（4）Aulus Persius Flaccus. 三四―六二年。ローマのストア派の風刺詩人。
（5）*Satirae* VI, 18.
（6）星の布置によってひとの運勢を告げるひと。
（7）ヘブル人の父祖。イサクの子で奸計をもって兄エサウの長子権を奪い、メソポタミアのハランに逃れた。超人的存在と格闘し、イスラエルの名を与えられ、イスラエルの十二支族の祖となった。
（8）イスラエル初代の王。
（9）Aulus Gellius. 一三〇年頃―一八〇年頃。ローマの作家、『アッティカ夜話』*Noctes Atticae* の著者。
（10）horoscope. ひとの誕生の時の天体観察の星位。
（11）ラテン語訳で、「さそり座の針はこのような殺人がなければ動かない」を補足。
（12）約四キロメートルの距離。
（13）不詳。

(14) タレース Thalēs. 前七世紀末—前六世紀初。

(15) 前九世紀のイスラエル初期の預言者。「列王紀」上、一八章二節、一七章一節以下。

(16) 「サムエル記」下、二四章一一—一五節。

(17) イスラエルの解放者、立法者、前一三世紀。

(18) イスラエル人の父祖、前一八世紀。

(19) 「創世記」一五章一六節。

(20) 「出エジプト記」一四章。

(21) 前八世紀のユダヤの大預言者の一人。

(22) 「イザヤ書」一九章一—四節、一七章一—六節。

(23) バビロン捕囚期(前五九七年—前五八六年)のイスラエルの預言者。「ダニエル書」の主人公。

(24) エルサレムを破壊し、ユダヤ人のバビロン捕囚を行なった新バビロニア(カルデア)の王(在位前六〇五年頃—前五六二年)。

(25) ユダヤの預言者。前七世紀—前六世紀。

(26) ἀεροβατοῦντες < ἀεροβατέω. 空中を歩くひとびとの意。

(27) アレクサンドリアの天文学者、数学者、物理学者。天動説を唱えた。前二世紀頃。

(28) 「創世記」一章一四節。

(29)「イザヤ書」四四章二五節。
(30)「ヨブ記」三七章一八節。
(31)「創世記」三九章。
(32)「出エジプト記」二一章、「使徒行伝」七章二二節。
(33)「ダニエル書」一章四節。
(34)「創世記」四二章。
(35)「マタイによる福音書」二四章三九―五一節。
(36)東方の博士たち。同上、二章一節。
(37)イスラム教創始者。五七一年頃―六三二年。
(38)コーランのこと。
(39)キリスト教をローマ帝国に普及させた最大の伝道者。「異邦人の使徒」と言われた。六四年ローマで殉教。
(40)「ローマ人への手紙」一章一―七節。
(41)ローマ皇帝(在位八一―九六年)。
(42)ローマの政治家、武人。前一〇二年―前四四年。
(43)三月十五日。

(44) ローマ帝政初代の皇帝(在位前二七年—後一四年)。

(45) 不詳。

(46) 「サムエル記」上、二八章八—一四節。

(47) 「出エジプト記」七章一一—一二節。

(48) イスラエルの第三代目の王(在位前九七一年項—前九三二年項)。ダビデの子。

(49) 「申命記」一八章一〇節。

(50) *περ εργα*.

(51) 「使徒行伝」八章九—二四節。

年譜

一五〇九年 フランスのピカルディ地方のノアヨン(コンピエーニュ県)に生まれる。父は教会参事会書記ジェラール・コーヴァン(七月一〇日)

一五二一 ノアヨンの聖職禄を貰う(五月)

一五二三 パリ留学。コレージュ・ド・ラ・マルシェで、マテュラン・コルディエからラテン語を習う(八月)

一五二四—二八 コレージュ・ド・モンテーギュに学ぶ

一五二七 聖職禄に加え、サン・マルタン・ド・マルトヴィルの司祭職を与えられる(九月)

一五二八 父の希望によりオルレアンに移り、神学を諦め、法律を学ぶことになる

一五三〇 ブールジュで、著名な法学者アンドレ・アルシアの講義に列し、ルター派のメルヒオル・ヴォルマルからギリシア語を学ぶ

一五三一 父の死。ノアヨンに帰る(五月二六日)

一五三二 法律研究を終わる(二月一四日)

パリに移り、王室教授ピエール・ダネス（ギリシア語）、フランソア・ヴァタブル（ヘブル語）、ギョーム・ビュデのもとで人文学を研究
セネカの『寛容について』二巻の注解を著わす（四月）
オルレアン大学のピカルディ人会の主事（秋）

一五三三（? 一五三四年五月以前）「突然の回心」(Conversion subite)を経験
パリに移る（一〇月）
パリ大学総長、医師ニコラ・コップ、四学部の入学式で行なった福音主義礼賛の演説のために高等法院に告発され、バーゼルに脱走。その草稿を与えたカルヴァンもアングレーム付近のクレーに隠れる（一一月一日）

一五三四 ノアヨンに帰り、聖職禄を辞退し、パリ、アングレーム、ポアティエを遍歴（五月四日）
檄文事件。ミサ反対の檄文がパリ、オルレアン、アンボアーズ（王が滞在）に貼られる（一〇月一七―一八日の深夜）
フランソア一世の福音主義討伐の激化。カルヴァン逃走

一五三五 カルヴァン、バーゼルに現われる（一月）
マルティヌス・ルキアヌス（Calvinus のアナグラム）と変名
ロベール・オリヴェタンの新約聖書のフランス語訳に序文を寄せ、『イエス・キリスト

を愛するすべてのものへの手紙』を書く。以上はカルヴァンの印刷された最初のフランス語テクスト(六月)

「キリスト教綱要」の序文「フランソア一世王への手紙」を書く(八月)

一五三六 **『キリスト教綱要』**の初版(六章)をバーゼルのオポーリンで出版(三月)

パリへ行く(四月)

ストラスブールへ赴かんとして、途上の戦乱のためにリヨンとジュネーヴ径由の回り道を余儀なくされる。ギヨーム・ファレルからジュネーヴの宗教改革に協力を懇請され、ジュネーヴに留まる(七月)

一五三七 ファレルとともにジュネーヴの信仰告白を発表、全市民に強制(四月)

一五三八 市民の規律について市総会と衝突。二人はジュネーヴから追放(四月二三日)

マルティン・ブーツァーに招かれストラスブールへ行く(九月)

新設の学校(学長ヨハン・シュトゥルム、のちのストラスブール大学)で神学を教え、その地に避難して来たフランス人の教会の牧師となる

ハーゲナウ、ヴォルムス、レーゲンスブルクの会談に参加

一五三九 **『キリスト教綱要』**増補二版(十七章)出版(四月)

一五四〇 イドレット・ド・ビュールと結婚(八月)

ジュネーヴ市、カルヴァンの復帰を決議（一〇月）

一五四一 ジュネーヴへ戻る。以来終生ジュネーヴを離れず、その市の宗教改革に着手。

ジュネーヴはプロテスタンティスムの牙城となる（九月一三日）

『キリスト教綱要』（一五三九年のラテン語二版）を自らフランス語に訳し、ジュネーヴで出版

『聖晩餐について』 出版

一五四三 **『聖遺物について』** 出版

妻の死（三月二九日）

『占星術への警告』 出版

反三位一体のミシェル・セルヴェの焚殺（一〇月二七日）

大学（のちのジュネーヴ大学）の設立、初代学長テオドール・ド・ベーズ（六月五日）

『キリスト教綱要』 ラテン語最終決定版（四巻、八十五章）

一五六〇 **『キリスト教綱要』** 最終版のフランス語版の出版（八月）

一五六四 大学で最終講義（二月二日）

サン・ピエール大聖堂で最終説教（二月六日）

カルヴァンの死（五月二七日）

プランパレーの共同墓地に埋葬。遺志によりその場所に標識を置かなかった（五月二八日）

解　説

聖晩餐について (*Traité de la cène*, 1541)

イエス・キリストは最後の晩餐においてパンとぶどう酒を取り上げ、「これはわたしのからだであり、わたしの血である」(「コリント人への第一の手紙」一一章二四、二五節)と言ったことからキリスト教会では信徒にパンとぶどう酒を分配し、キリストの死を記念し、それによって贖罪《しょくざい》の福音を確認する儀式を行なう。それが聖晩餐《せいばんさん》(または聖餐、カトリック教会のミサ)である。この二つの要素(パンとぶどう酒)は、カトリック教会では司祭の聖別によってパンとぶどう酒がキリストのからだと血に変わり、外形はそのままでその実質も変化しないとする(化体説)。これに対して宗教改革者たちの見解は一致せず彼らのあいだで激しい論争が交わされた。マルティン・ルターはパンとぶどう酒の実質は変化を起こさないで二つの要素とともにキリストのからだと血が共存すると主張した(共在説)。フルトライヒ・ツヴィングリは「これはわたしのからだである」'hec *est* corpus meum' の *est* を *significat*(表わす)と解釈し、聖晩餐はキリストの死を記念する儀式であり二要素は単にしるしにほかならないと主張した(象徴説)。

カルヴァンは宗教改革者たちのあいだのこれらの見解の相違を調停せんとして、パンとぶどう酒は聖別されたとき変化することは否定したが、しかしこれらは単なるしるしではなく、陪餐者はこれらによってキリストのからだと血の徳または力を受けて、キリストのからだと霊的に結合すると主張した。これがこの論文の要旨である。

カルヴァンの後継者テオドール・ド・ベーズ（ベザ）はカルヴァンの最初の伝記において、「彼は……彼の同国人であるフランス人のために主の晩餐について黄金の小論文を公刊した。……聖晩餐の問題はこの論文のなかで極めて優れた能力と学殖によって説明され、したがってそのもっとも不幸な論争の決着は主として神によって本論に帰せられねばならない」と絶賛した。

本書は一五四一年、ジュネーヴで印刷されたが、カルヴァンはこれをストラスブールで書いたと思われる。その在世中に五回も印刷され、ニコラ・ド・ガラールによってラテン語に訳された。全集、五巻四三〇—四六〇cに所収。なお扉の裏頁（ヴェルソ）につぎの十行詩が記されている（各行の最初の字に注意）。

Jeunes et vieux si vous voules apprendre／**E**ntierement où gist nostre salut, ／**A**vec doulceur je vous supply d'entendre, ／**N**e vous troublant par erreur dissolut, ／**C**'est en Jesus qui se ordonner voulut, /**A**pres avoir avec les siens soupoé, /**L**eur remonstrant que l'esprit occupé/**V**eult, et ne peult les faictz de Dieu ecavoir : /Il nous fault donc (tout desir extirpé)/**N**ous rendre à luy pour ce bien percevoir.

〔初版本の扉〕

Petit/*Traicté de la*/*saincte Cene de*/*no-*/*tre Seigneur Jesus Christ.* /*Auquel est demonstrée la vraye institu-*/*tion, profit et utilité d'icelle, Ensem-*/*ble, la cause pourquoy plusie-*/*urs*/*des Modernes semblent en auoir escrit diversement.* /Par M. iean Caluin. Imprime/a Geneue, par Michel/Dubois/M. D. XLI

聖遺物について　(*Traité des reliques,* 1543)

聖人が死後に残した、また彼らのからだに触れた物品を崇拝するのは古来珍しいことではない。ザクセンの選帝公(「賢公」)はルターの保護者として有名な人物であったが、彼はそのころ聖遺物の最大の収集家の一人であって、それによって領内に多数の巡礼者を呼び寄せたといわれる。カトリック教会はトレントの公会議(第二十五会期)で聖遺物をカトリック信仰の一部として残し、それに反対するものには破門《アナテス》を宣言することにした。したがって聖遺物は巷《ちまた》にあふれ中世を通じてその弊害は眼に余るものがあった。

この論文は一五四三年、ジュネーヴで印刷された。著者の在世中に五回印刷され、カルヴァンの論文中もっとも多くの読者を得た。本書も一五四八年、ニコラ・ド・ガラールによってラテン語に訳されたほか、ドイツ語（一五五七年）、英語（一五六一年）、オランダ語（一五八三年）に訳され、現代になってもしばしば印刷されている。全集、六巻四〇九―四五二cに所収。

〔初版本の扉〕

Advertissement tresutile／du grand proffit qui reviendroit à la Chrestienté,／s'il se faisoit／inventoire de tous les corps saincts, et reliques,／qui sont tant en Italie／qu'en France, Allemaigne, Hespaigne, et autres Royaumeseet pays.／Par M. Iehan Calvin.／Imprime a Geneve／Par Iehan Girard 1543

占星術への警告　(*Contre l'astrologie judiciaire*, 1549)

原書名は「判断的占星術への警告」。判断的占星術は自然的占星術（古代の天文学）に対して、ひとの誕生から死に至るまで、また下さねばならない決定、近い将来の出来事、これから企てんとすることの結果に不安を覚えるときなどに、天体、とくに惑星の運行、それらの配置によって先を預言する技術、星占いである。ひとの運勢の吉凶を星によって判断することはいつの時代、洋の東西を問わず絶えることはない。カルヴァンは本書によってその荒唐無稽を完膚なきまでにやっつける。ド・ベーズはそのカルヴァン伝のなかで、「彼は非常に高雅なこの小論文において、判断的占星術と称するものがいかに虚偽で無益であることを暴露した」と書いている。カルヴァンの論述は後半に鋭く、占星術は決定論の非キリスト教的思想に基づくもので神の権威を傷つけるものとする。

本書は一五四九年、ジュネーヴで印刷、これは著者によって直ちにラテン語に訳された。一五六一年、ゴッドドレッド・ジルビイによって英訳された。全集、七巻五〇九―五四二cに所収。

〔初版本の扉〕

Advertisse-／ment contre l'astrolo-／gie, qu'on apelle／Iudiciaire : et autres curio-／sitez qui regnent au-／iourd'hui au／monde. ／Par M. Iehan Caluin. ／A Geneve Par／Iean Girard. ／1549.

ジャン・カルヴァンはいうまでもなくフランスの宗教改革者である。ジュネーヴで改革運動を起こし、きびしく福音主義に基づき、教会組織ばかりでなく政治、経済、道徳の刷新に力を尽した。その思想は近代的な強い活動力を含み、神学の外の分野からも脚光を浴びている。

彼は六十巻の全集に収録される多数の著述を残したが、主要な著作を自らフランス語に訳し、それをラテン語を解しない読者に与えた。初めからフランス語で書いた著作もある。本書の三篇の論文はそれである。彼のフランス語は簡素、明快、論理的で、フランス語によってもラテン語と同じように思想の表現が十分可能であることを実証した。彼はフランス文学史にその名を留めている。

本書の三篇は十六世紀にたびたび発行され、今世紀になってもたびたび印刷されたもののなかから選択した。翻訳には全集の本文を用いたが、つぎの諸版も参照した。

Oeuvres françaises de J. Calvin, Paris, 1842.

J. Calvin, *Traité des reliques*, suivi de *l'Excuse à M. M. les Nicodémites*. Introduction et notes par A. Autin, Paris, 1921.

J. Calvin, *Trois traités : L'Epitre à Sadolet, le traité de la sainte cène, le traité de scandales*. Textes présentes et annotés par A. M. Schmidt, Paris, 1934.

J. Calvin, *Petit traité de la saimte cène*, Paris, 1959.

J. Calvin, *Avertissement contre l'astrologie : Traité des reliques*, Paris, 1962.
J. Calvin, *Three French Treaties*, edited by F. M. Higman, London, 1970.
John Calvin, *Tracts and Treaties*, 3vols., Edinburgh, 1844, [Reprint]Michigan, 1958.

本書はカルヴァンの全著作のうちのほんの一部に過ぎないが、これらによってプロテスタンティスムの有力な創始者の一人であるカルヴァンの人物と思想の片鱗を見ることができれば幸いである。本書の出版について岩波書店の鈴木稔氏にお世話になった。感謝を申し上げる。

一九八二年二月

訳　者

訳者は本書の校正刷を見ることなく死亡したので、校正刷の校閲と訳者注の不備の補充は私が行なった。

一九八二年五月

波木居純一

カルヴァン小論集《しょうろんしゅう》

1982年6月16日　第1刷発行
2023年7月27日　第3刷発行

編訳者　波木居齊二《はきいせいじ》

発行者　坂本政謙

発行所　株式会社 岩波書店
〒101-8002 東京都千代田区一ツ橋2-5-5
案内 03-5210-4000　営業部 03-5210-4111
文庫編集部 03-5210-4051
https://www.iwanami.co.jp/

印刷 製本・法令印刷　カバー・精興社

ISBN 978-4-00-338091-8　Printed in Japan

読書子に寄す

――岩波文庫発刊に際して――

岩波茂雄

真理は万人によって求められることを自ら欲し、芸術は万人によって愛されることを自ら望む。かつては民を愚昧ならしめるために学芸が最も狭き堂宇に閉鎖されたことがあった。今や知識と美とを特権階級の独占より奪い返すことはつねに進取的なる民衆の切実なる要求である。岩波文庫はこの要求に応じそれに励まされて生まれた。それは生命ある不朽の書を少数者の書斎と研究室とより解放して街頭にくまなく立たしめ民衆に伍せしめるであろう。近時大量生産予約出版の流行を見る。その広告宣伝の狂態はしばらくおくも、後代にのこすと誇称する全集がその編集に万全の用意をなしたるか。千古の典籍の翻訳企図に敬虔の態度を欠かざりしか。さらに分売を許さず読者を繋縛して数十冊を強うるがごとき、はたしてその揚言する学芸解放のゆえんなりや。吾人は天下の名士の声に和してこれを推挙するに躊躇するものである。このときにあたって、岩波書店は自己の責務のいよいよ重大なるを思い、従来の方針の徹底を期するため、すでに十数年以前より志して来た計画を慎重審議この際断然実行することにした。吾人は範をかのレクラム文庫にとり、古今東西にわたって文芸・哲学・社会科学・自然科学等種類のいかんを問わず、いやしくも万人の必読すべき真に古典的価値ある書をきわめて簡易なる形式において逐次刊行し、あらゆる人間に須要なる生活向上の資料、生活批判の原理を提供せんと欲する。この文庫は予約出版の方法を排したるがゆえに、読者は自己の欲する時に自己の欲する書物を各個に自由に選択することができる。携帯に便にして価格の低きを最主とするがゆえに、外観を顧みざるも内容に至っては厳選最も力を尽くし、従来の岩波出版物の特色をますます発揮せしめようとする。この計画たるや世間の一時の投機的なるものと異なり、永遠の事業として吾人は微力を傾倒し、あらゆる犠牲を忍んで今後永久に継続発展せしめ、もって文庫の使命を遺憾なく果たさしめることを期する。芸術を愛し知識を求むる士の自ら進んでこの挙に参加し、希望と忠言とを寄せられることは吾人の熱望するところである。その性質上経済的には最も困難多きこの事業にあえて当たらんとする吾人の志を諒として、その達成のため世の読書子とのうるわしき共同を期待する。

昭和二年七月

《東洋思想》〔青〕

- 易経 全二冊　高田真治・後藤基巳訳
- 論語　金谷治訳注
- 孔子家語　藤原正校訳
- 孟子 全二冊　小林勝人訳注
- 老子　蜂屋邦夫訳注
- 荘子 全四冊　金谷治訳注
- 新訂 孫子　金谷治訳注
- 荀子 全二冊　金谷治訳注
- 韓非子 全四冊　金谷治訳注
- 史記列伝 全五冊　司馬遷　小川環樹・今鷹真・福島吉彦訳
- 春秋左氏伝 全三冊　小倉芳彦訳
- 塩鉄論　曾我部静雄訳註
- 千字文　小川環樹・木田章義注解
- 大学・中庸　金谷治訳注
- 仁学 ―清末の社会変革論　譚嗣同　西順蔵・坂元ひろ子訳注
- 章炳麟集 ―清末の民族革命思想　西順蔵・近藤邦康編訳
- 梁啓超文集　岡本隆司・石川禎浩・高嶋航編訳
- マヌの法典　マヌ　田辺繁子訳
- ガンディー 獄中からの手紙　森本達雄訳
- ウパデーシャ・サーハスリー ―真実の自己の探求　シャンカラ　前田専学訳

《仏教》〔青〕

- ブッダのことば ―スッタニパータ　中村元訳
- ブッダの真理のことば 感興のことば　中村元訳
- 般若心経・金剛般若経　中村元・紀野一義訳註
- 法華経 全三冊　坂本幸男・岩本裕訳注
- 日蓮文集　兜木正亨校注
- 浄土三部経 全二冊　中村元・早島鏡正・紀野一義訳註
- 大乗起信論　宇井伯寿・高崎直道訳注
- 臨済録　入矢義高訳注
- 碧巌録 全三冊　入矢義高・溝口雄三・末木文美士・伊藤文生訳注
- 無門関　西村恵信訳注
- 法華義疏 全二冊　聖徳太子　花山信勝校訳
- 往生要集 全二冊　源信　石田瑞麿訳注
- 教行信証　親鸞　金子大栄校訂
- 歎異抄　金子大栄校注
- 正法眼蔵 全四冊　道元　水野弥穂子校注
- 正法眼蔵随聞記　懐奘編　和辻哲郎校訂
- 道元禅師清規　大久保道舟訳注
- 一遍上人語録 ―付 播州法語集　大橋俊雄校注
- 南無阿弥陀仏 ―付 心偈　柳宗悦
- 蓮如上人御一代聞書　稲葉昌丸校訂
- 日本的霊性　鈴木大拙　篠田英雄校訂
- 新編 東洋的な見方　鈴木大拙　上田閑照編
- 大乗仏教概論　鈴木大拙　佐々木閑訳
- 浄土系思想論　鈴木大拙
- 神秘主義 キリスト教と仏教　鈴木大拙　坂東性純・清水守拙訳
- 禅の思想　鈴木大拙
- ブッダ最後の旅 ―大パリニッバーナ経　中村元訳
- 仏弟子の告白 ―テーラガーター　中村元訳
- 尼僧の告白 ―テーリーガーター　中村元訳

ブッダ 神々との対話 ―サンユッタ・ニカーヤⅠ　中村元訳
ブッダ 悪魔との対話 ―サンユッタ・ニカーヤⅡ　中村元訳
禅林句集　足立大進校注
ブッダが説いたこと　ワールポラ・ラーフラ　今枝由郎訳
ブータンの瘋狂聖ドゥクパ・クンレー伝　ゲンドゥン・リンチェン編　今枝由郎訳
梵文和訳 華厳経入法界品　梶山雄一　丹治昭義　津田真一　田村智淳　桂紹隆　訳注

《音楽・美術》〔青〕

ベートーヴェンの生涯　ロマン・ロラン　片山敏彦訳
音楽と音楽家　シューマン　吉田秀和訳
レオナルド・ダ・ヴィンチの手記 全二冊　杉浦明平訳
ゴッホの手紙 全三冊　硲伊之助訳
ロダンの言葉抄　高村光太郎訳　高田博厚　菊池一雄編
ビゴー日本素描集　清水勲編
ワーグマン日本素描集　清水勲編
河鍋暁斎戯画集　山口静一　及川茂編
葛飾北斎伝　飯島虚心　鈴木重三校注
ヨーロッパのキリスト教美術 ―十二世紀から十八世紀まで 全二冊　エミール・マール　柳宗玄　荒木成子訳
近代日本漫画百選　清水勲編
蛇儀礼　ヴァールブルク　三島憲一訳
セザンヌ　ガスケ　與謝野文子訳
日本洋画の曙光　平福百穂
映画とは何か 全二冊　アンドレ・バザン　野崎歓　大原宣久　谷本道昭訳
漫画 坊っちゃん　近藤浩一路
漫画 吾輩は猫である　近藤浩一路
ロバート・キャパ写真集　ICPロバート・キャパ・アーカイブ編
北斎 富嶽三十六景　日野原健司編
日本漫画史 ―鳥獣戯画から岡本一平まで　細木原青起
世紀末ウィーン文化評論集　ヘルマン・バール　西村雅樹編訳
ゴヤの手紙 全二冊　大髙保二郎　松原典子編訳
丹下健三建築論集　豊川斎赫編
丹下健三都市論集　豊川斎赫編
ギリシア芸術模倣論　ヴィンケルマン　田邊玲子訳
堀口捨己建築論集　藤岡洋保編

《歴史・地理》〔青〕

- 新訂 魏志倭人伝・後漢書倭伝・宋書倭国伝・隋書倭国伝 ―中国正史日本伝1　石原道博編訳
- 新訂 旧唐書倭国日本伝・宋史日本伝・元史日本伝 ―中国正史日本伝2　石原道博編訳
- ヘロドトス 歴史 全三冊　松平千秋訳
- トゥーキュディデース 戦史 全三冊　久保正彰訳
- ガリア戦記　カエサル 近山金次訳
- ランケ 世界史概観 ―近世史の諸時代　鈴木成高・相原信作訳
- ランケ自伝　林健太郎訳
- 歴史とは何ぞや　ベルンハイム 坂口昂・小野鉄二訳
- 歴史における個人の役割　プレハーノフ 木原正雄訳
- 古代への情熱 ―シュリーマン自伝　シュリーマン 村田数之亮訳
- アーネスト・サトウ 一外交官の見た明治維新 全二冊　坂田精一訳
- ベルツの日記 全二冊　トク・ベルツ編 菅沼竜太郎訳
- 武家の女性　山川菊栄
- インディアスの破壊についての簡潔な報告　ラス・カサス 染田秀藤訳
- ラス・カサス インディアス史 全七冊　長南実訳 石原保徳編
- コロンブス 全航海の報告　林屋永吉訳

- 戊辰物語　東京日日新聞社会部編
- 大森貝塚 ―付 関連史料　E・S・モース 近藤義郎・佐原真編訳
- ナポレオン言行録　オクターヴ・オブリ編 大塚幸男訳
- 中世的世界の形成　石母田正
- 日本の古代国家　石母田正
- 平家物語 他六篇　石母田正 高橋昌明編
- クリオの顔 歴史随想集　E・H・ノーマン 大窪愿二編訳
- 日本における近代国家の成立　E・H・ノーマン 大窪愿二訳
- 旧事諮問録 ―江戸幕府役人の証言 全二冊　旧事諮問会編 進士慶幹校注
- 朝鮮・琉球航海記 ―一八一六年アマースト使節団とともに　ベイジル・ホール 春名徹訳
- アリランの歌 ―ある朝鮮人革命家の生涯　ニム・ウェールズ キム・サン 松平いを子訳
- さまよえる湖 全二冊　ヘディン 福田宏年訳
- 老松堂日本行録 ―朝鮮使節の見た中世日本　宋希璟 村井章介校注
- 十八世紀パリ生活誌 ―タブロー・ド・パリ 全二冊　メルシエ 原宏編訳
- 北槎聞略 ―大黒屋光太夫ロシア漂流記　桂川甫周 亀井高孝校訂
- ヨーロッパ文化と日本文化　ルイス・フロイス 岡田章雄訳注
- ギリシア案内記 全二冊　パウサニアス 馬場恵二訳

- 西遊草　清河八郎 小山松勝一郎校注
- オデュッセウスの世界　フィンリー 下田立行訳
- 東京に暮す ―一九二八～一九三六　キャサリン・サンソム 大久保美春訳
- ミカド ―日本の内なる力　W・E・グリフィス 亀井俊介訳
- 増補 幕末百話　篠田鉱造
- 幕末明治 女百話 全二冊　篠田鉱造
- トゥバ紀行　メンヒェン＝ヘルフェン 田中克彦訳
- 徳川時代の宗教　R・N・ベラー 池田昭訳
- ある出稼石工の回想　マルタン・ナド 喜安朗訳
- 植物巡礼 ―プラント・ハンターの回想　F・キングドン-ウォード 塚谷裕一訳
- モンゴルの歴史と文化　ハイシッヒ 田中克彦訳
- ダンピア 最新世界周航記 全二冊　平野敬一訳
- ローマ建国史 全三冊（既刊上巻）　リーウィウス 鈴木一州訳
- 元治夢物語 ―幕末同時代史　馬場文英 徳田武校注
- フランス・プロテスタントの反乱 ―カミザール戦争の記録　カヴァリエ 二宮フサ訳
- ニコライの日記 ―ロシア人宣教師が生きた明治日本 全三冊　中村健之介編訳
- 徳川制度 全三冊・補遺　加藤貴校注

第二のデモクラテス
戦争の正当原因についての対話
セプールベダ
染田秀藤訳

ユグルタ戦争 カティリーナの陰謀
サルスティウス
栗田伸子訳

史的システムとしての資本主義
ウォーラーステイン
川北稔訳

岩波文庫の最新刊

グレゴリー・ベイトソン著／佐藤良明訳
精神の生態学へ（中）
コミュニケーションの諸形式を分析し、精神病理を「個人の心」から解き放つ。中巻は学習理論・精神医学篇。ダブルバインドの概念、アルコール依存症の解明など。（全三冊）〔青N六〇四-三〕 定価一二一〇円

イーディス・ウォートン作／河島弘美訳
無垢の時代
二人の女性の間で揺れ惑う青年の姿を通して、時代の変化にさらされる〈オールド・ニューヨーク〉の社会を鮮やかに描く。ピューリッツァー賞受賞作。〔赤三四五-一〕 定価一五〇七円

バジョット著／宇野弘蔵訳
ロンバード街
――ロンドンの金融市場――
一九世紀ロンドンの金融市場を観察し、危機発生のメカニズムや「最後の貸し手」としての中央銀行の役割について論じた画期的著作。改版。（解説＝翁邦雄）〔白一二二-一〕 定価一三五三円

道籏泰三編
中上健次短篇集
中上健次（一九四六-一九九二）は、怒り、哀しみ、優しさに溢れた人間のあり方を短篇小説で描いた。『十九歳の地図』『ラプラタ綺譚』等、十篇を精選。〔緑二三〇-一〕 定価一〇〇一円

……今月の重版再開……

井原西鶴作／横山重校訂
好色一代男
〔黄二〇四-一〕 定価九三五円

ヴェブレン著／小原敬士訳
有閑階級の理論
〔白二〇八-一〕 定価一二一〇円

岩波文庫の最新刊

兵藤裕己編注

説経節 俊徳丸・小栗判官 他三篇

大道・門付けの〈乞食《こつじき》芸〉として行われた説経節から、後世の文学・芸能に大きな影響を与えた五作品を編む。「山椒太夫」「愛護の若」「隅田川」の三篇も収録。

〔黄二八六-一〕 定価一二一〇円

三木 清著

構想力の論理 第二

三木の探究は「経験」の論理的検討に至る。過去を回復し未来を予測する構想力に、新たな可能性を見出す。（注解・解説＝藤田正勝）（全二冊）

〔青一四九-三〕 定価一一五五円

トマス・アクィナス著／稲垣良典・山本芳久編／稲垣良典訳

精選 神学大全1 徳論

西洋中世最大の哲学者トマス・アクィナス（一二二五頃-一二七四）の集大成。初めて中核のテーマを精選。1には、人間論から「徳」論を収録。（全四冊）（解説＝山本芳久）

〔青六二一-三〕 定価一六五〇円

カール・ポパー著／小河原誠訳

開かれた社会とその敵

第二巻 にせ予言者―ヘーゲル、マルクスそして追随者 (上)

全体主義批判の本書は、ついにマルクス主義を俎上にのせる。階級なき社会の到来という予言論証の方法論そのものを徹底的に論難する。（全四冊）

〔青N六〇七-三〕 定価一五七三円

泉 鏡花作

日本橋

紅燈の街、日本橋を舞台に、四人の男女が織り成す恋の物語。愛の観念を謳い上げた鏡花一代の名作。改版。（解説＝佐藤春夫・吉田昌志）

〔緑二七-七〕 定価七七〇円

……今月の重版再開……

魯 迅著／松枝茂夫訳

朝花夕拾

定価五五〇円 〔赤二五-三〕

トマス・アクィナス著／柴田平三郎訳

君主の統治について ―謹んでキプロス王に捧げる―

定価九三五円 〔青六二一-二〕